Dr. Sherod Miller/Dr. Phyllis Miller
Dr. Elam Nunnally/Dr. Daniel Wackman

Wir verstehen uns!

Übersetzt und herausgegeben von:
Martin Drescher und Georgia Drescher

Titel der Originalausgabe:
Talking and Listening Together - Couple Communication I
Copyright © 1991 by Interpersonal Communication Programs, Inc.
Denver, Colorado, USA
Illustrationen von Barrie Maguire
ISBN 0-917340-18-3

All rights reserved. No part of this work may be reproduced in any form without permission in writing from the publisher.

Aus dem Englischen übertragen von Martin und Georgia Drescher

1. Auflage 1998
© Gesamtdeutsche Rechte bei:

Interpersonelle Kommunikationsprogramme
...das Konzept mit dem Bewußtheitsrad

Martin und Georgia Drescher Sperlingstr. 60 97422 Schweinfurt T: 09721/44182 F: 09721/42707

ISBN 3-9805917-1-9

Vorwort

Dieses Buch ist für alle geschrieben, die sich eine dauerhafte und lebendige Beziehung zu ihrem Lebenspartner wünschen. Es basiert auf der Erkenntnis, daß eine offene und ebenbürtige Kommunikation die beste Grundlage für eine gute Partnerschaft ist.

Das Buch ist ein Arbeitsbuch mit Übungen, Fragebögen und Aktionspläne. Sie profitieren am meisten davon, wenn Sie es gemeinsam mit Ihrem Partner Schritt für Schritt durcharbeiten, am besten unter der Anleitung eines erfahrenen Trainers in einem Paar-Kommunikationstraining. Sie erhalten keine Patentrezepte, aber Sie lernen und üben Fertigkeiten, die Ihnen helfen, sich selbst, Ihren Partner, Ihre Beziehung und das anstehende Thema besser zu verstehen. Sie erfahren, wie Sie auch schwierige Probleme und Konflikte lösen und so Ihre Beziehung stärken können.

Wir sind Drs. Sherod und Phyllis Miller dankbar dafür, daß wir ihr Buch ins Deutsche übersetzen und herausgeben dürfen. 1996 haben wir sie in Colorado besucht und aus erster Hand erfahren, welche Möglichkeiten ihr Programm bietet. Dankbar sind wir auch Michael Paula, durch den wir 1985 als Teilnehmer in einem seiner Seminare dieses Konzept kennengelernt haben. Seitdem freuen wir uns darüber, wie die Anwendung der Kommunikationsfertigkeiten und -stile in unseren Seminaren, aber auch in unserer eigenen langjährigen Ehe ihre positive Wirkung entfaltet.

Martin Drescher   Georgia Drescher

Hintergründe des Paar-Kommunikationsprogramms

Die Wurzeln dieses Paar-Kommunikationsprogrammes reichen zurück in die späten 60er Jahre des Familien-Forschungszentrums an der Universität von Minnesota. Hier, in einer hervorragenden Fakultät und mit großzügiger finanzieller Unterstützung durch das amerikanische Bundesinstitut für psychische Gesundheit, lernten sich die Autoren Sherod Miller, Elam Nunnally und Daniel Wackman kennen und bildeten ein Forschungs- und Programmentwicklungsteam.

Ihre Forschungsarbeit konzentrierte sich ursprünglich darauf, unter welchen Bedingungen Paare den Übergang von der Verlobung zu den ersten Ehejahren erfolgreich bewältigten. Die Forschungsergebnisse bestätigten die Vermutung, daß dafür eine effektive Kommunikation zwischen den Partnern eine zentrale Bedeutung hatte. Das Team entwickelte auf dieser Basis spezifische Fertigkeiten und Strategien, die sie dann den künftigen Ehepaaren in Seminaren weitervermittelten. Diese Fertigkeiten und Strategien erwiesen sich als nützlich, um den Paaren dabei zu helfen, ihre alltäglichen Probleme und Angelegenheiten konstruktiv zu bewältigen.

Die Erkenntnis, daß durch Kommunikation Beziehungen nicht nur entstehen, sondern auch aufrechterhalten, gestärkt oder aber auch zerstört werden können, führte zu einer Erweiterung des Programms. Es wurde nun für alle Paare, die ihre Kommunikationsfähigkeit verbessern wollten, angeboten, unabhängig von der Dauer ihres Zusammenlebens.

Über die Jahre haben viele Wissenschaftler das vorliegende Programm überprüft. Nach Ansicht von Dr. Karen Wampler von der Texas Tech University, Department of Human Development and Family Studies, ist „dieses Paar-Kommunikationsprogramm das am intensivsten dokumentierte Interventionsprogramm überhaupt". Seit 1971 sind 31 Studien in Fachzeitschriften oder als Dissertationen erschienen. Weitere sind in Arbeit. Die meisten Studien wurden an bedeutenden Universitäten innerhalb ganz Amerika in Zusammenarbeit mit Paar-Kommunikationstrainern aus unterschiedlichen Bereichen durchgeführt. Sie bestätigten folgende Erfolge:

- Die Kommunikation untereinander verbesserte sich
- Die Beziehungen wurden gestärkt

Die untersuchten Paare in den Studien variieren in ihren Merkmalen erheblich. Sie unterscheiden sich in ihrer sozialen Herkunft, im Alter und im Grad der

Zufriedenheit in der Partnerschaft. Alle Paare, die an dem Kommunikationsprogramm teilgenommen haben, haben Gefallen daran gefunden und davon profitiert.

Das Paar-Kommunikationsprogramm hat seit seinen Anfängen weite Verbreitung gefunden. Bis zum Jahr 1991 hatten bereits mehr als 200.000 Paare innerhalb der USA, Kanada, Europa, Neuseeland und Japan daran teilgenommen. Es wurde bereits in mehrere Sprachen übersetzt.

Die Trainer des Paar-Kommunikationsprogramms haben einen unterschiedlichen beruflichen Hintergrund. Die meisten sind professionelle Berater - Therapeuten, Eheberater, Pfarrer und kirchliche Mitarbeiter, sowie Lehrer. Auch Ehepaare, die selbst von dem Programm profitiert haben und anschließend an einem Ausbildungsprogramm teilgenommen haben, sind heute Trainer.

Über die Jahre ist das Programm durch neue Erkenntnisse der Forschung und Praxis überarbeitet und ergänzt worden. Als weitere Unterstützung ist Phyllis Miller zu den drei ursprünglichen Autoren hinzugekommen.

Materialien

Die Trainer dieses Programms sorgen dafür, daß jedes teilnehmende Paar ein eigenes Teilnehmerpaket erhält. Das Teilnehmerpaket enthält Materialien für die Wissensvermittlung während des Trainings, für Übungsmöglichkeiten zwischen den Trainingseinheiten, und Anwendungshilfen für danach. Jedes Teilnehmerpaket enthält zwei Exemplare des Handbuchs, eine „Bewußtheitsrad-Matte", eine „Zuhörfertigkeits-Matte", sowie zwei Sets Kärtchen im Scheckkartenformat.

Inhalte des Paar-Kommunikationsprogramms

Folgende Inhalte sind für den Erfolg des Programms verantwortlich:

- ein Konzept zur Steigerung der Bewußtheit für sich selbst und den Partner, sowie ein Konzept, wie Sie beide miteinander kommunizieren
- elf Gesprächs- und Zuhörfertigkeiten (Skills) für eine klare Vermittlung von Informationen und ein besseres Verständnis für den Gesprächspartner
- eine praxiserprobte, einfache Strategie zur Bewältigung von Konflikten
- didaktische Hilfsmittel, die dabei helfen die Skills und Konzepte schneller und besser in den Alltag zu übertragen
- Kommunikationsübungen, die man auch mit Kindern durchführen kann, um die Kommunikation in der Familie zu verbessern

Nutzen des Paar-Kommunikationsprogramms

Paare, die an dem Paar-Kommunikationsprogramm teilnehmen, profitieren davon in mehrfacher Hinsicht:

- Sie lernen effektive Gesprächs- und Zuhörfertigkeiten
- Sie erwerben ein besseres Verständnis für sich und den Partner
- Sie steigern ihr Selbstwertgefühl
- Sie bewältigen Konflikte schneller und besser
- Sie erleben mehr Freude mit- und aneinander
- Sie erfahren eine neue Intimität
- Sie verbessern ihre Kommunikation mit ihren Kindern
- Sie kommunizieren effektiver bei ihrer Arbeit

Auch Sie und Ihr Partner*) werden hiervon profitieren - willkommen bei

„Wir verstehen uns!"

*)Anmerkung:
Wenn wir im Buch das Wort „Partner" verwenden, meinen wir damit natürlich auch die „Partnerin". Wegen der besseren Lesbarkeit haben wir uns für die ausschließliche Verwendung der männlichen Form entschieden.

Inhaltsverzeichnis

Vorwort

Hintergründe des Paar-Kommunikationsprogramms

Einführung	1
Teilnahme an einem Paar-Kommunikationstraining	9
Fragebogen vor dem Training	10
Lernziele festlegen	12
Kapitel 1: Sich selbst verstehen	13
Das Bewußtheitsrad	15
Situationsanalyse mit dem Bewußtheitsrad	26
Erweitern Sie Ihre Bewußtheit	27
Die Gesprächsfertigkeiten	29
Senden Sie klare Botschaften	36
Arbeitsblätter	38
Wie Sie die Bewußtheitsrad-Matten anwenden	40
Andere Übungen	44
Kapitel 2: Den Partner verstehen	49
Besseres Verständnis durch richtiges Zuhören	51
Die Zuhörfertigkeiten	52
Die Zuhörfertigkeiten insgesamt	65
Arbeitsblätter	68
Mit der Zuhörfertigkeits-Matte beobachten und coachen	73
Andere Übungen	74

Copyright © 1998 by ICP, Inc., Denver, Colorado, USA und inkom M. u. G. Drescher, Schweinfurt, Deutschland

Kapitel 3: Strategie zur Lösung von Problemen und Konflikten........... 79

Probleme und Konflikte lösen.. 81

Konfliktlösungsprozesse... 82

Problemlösungsprozeß und Ergebnis als Beziehungsmuster...................... 84

Strategie zur Lösung von Problemen und Konflikten................................. 85

Arbeitsblätter... 101

Andere Übungen... 106

Kapitel 4: Kommunikations-Stile.. 111

Kommunikations-Stile wählen.. 113

Gemischte Botschaften.. 135

Konfliktbewältigung und Kommunikations-Stile..................................... 137

Arbeitsblätter.. 139

Andere Übungen... 143

Fragebogen nach dem Training... 146

Überprüfung Ihres Lernerfolgs.. 148

Die Autoren und die Übersetzer... 149

Weitere Anwendungsfelder der inkom-Programme............................... 150

Einführung

Während Ihrer Kindheit haben Sie wahrscheinlich immer wieder miterlebt, wie Ihre Eltern Konflikte bewältigt und Entscheidungen getroffen haben. Sie haben sie vielleicht dabei beobachtet, wie sie entschieden haben, wieviel Geld sie z.B. für eine neue Küche ausgeben wollten, wie sie einen bestimmten Abend verbringen wollten, oder auch einfach, wer den Hund ausführen sollte. Höchstwahrscheinlich haben Sie jedoch nie miterleben können, wie Ihre Eltern eine wirklich schwerwiegende Auseinandersetzung in effektiver und respektvoller Weise miteinander geführt haben, geschweige denn Gespräche über die Art und Weise, wie sie ihre Konflikte gelöst und Entscheidungen getroffen haben.

Früher war meist das Geschlecht und die Stellung ausschlaggebend dafür, wie zuhause und am Arbeitsplatz Konflikte gelöst und Entscheidungen getroffen wurden. Nur selten haben die Gesprächspartner offen miteinander über ihren Kommunikationsprozeß diskutiert - d.h. wie sie einander zuhören, miteinander sprechen und miteinander umgehen. Heute jedoch, in unserer schnellebigen und komplexen Welt, wird den meisten von uns bewußt, daß es auch andere Möglichkeiten des Umgangs miteinander gibt.

„Wir verstehen uns!" stellt ein Konzept aus Strategien und Fertigkeiten vor, mit dem Sie Ihre Fähigkeit, verständnisvoll miteinander umzugehen, verbessern können und das Ihnen und Ihrem Lebenspartner hilft, gemeinsam ein befriedigendes und sinnvolles Leben zu führen.

Wertschätzung und Kommunikation

Jedes Gespräch, das Sie führen, jede Botschaft, die Sie senden, beinhaltet zwei Teile: Ihre Einstellung zum anderen (Grundhaltung) und Ihr Verhalten. Ihre *Grundhaltung* resultiert aus Ihren Überzeugungen, Gefühlen und Wünschen. Ihr *Verhalten* - das sind Ihre Worte und Handlungen - basiert auf dieser Grundhaltung und spiegelt sie wider. Jede Kommunikation mit Ihrem Partner drückt damit Ihre Grundhaltung zu sich selbst und zu Ihrem Partner aus.

Es gibt zwei Grundhaltungen zu sich selbst:
- Ich halte mich für einen wichtigen und wertvollen Menschen   oder
- Ich halte mich *nicht* für einen wichtigen und wertvollen Menschen

In jeder Kommunikation vermitteln Sie entweder, daß Sie sich selbst mögen, respektieren, ernstnehmen - oder eben auch, daß Sie dies nicht tun.

Genauso gibt es auch zwei Grundhaltungen, die Sie gegenüber Ihrem Partner haben und vermitteln:

- Ich halte Dich für einen wichtigen und wertvollen Menschen   oder
- Ich halte Dich *nicht* für einen wichtigen und wertvollen Menschen

In jeder Kommunikation vermitteln Sie entweder, daß Sie Ihren Partner schätzen, respektieren und ernstnehmen - oder daß Sie dies nicht tun.

Ihr Verhalten spiegelt Ihre Grundhaltung wider:

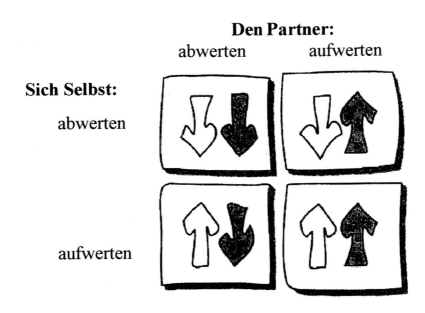

Ihre abwertende oder aufwertende Grundhaltung sich selbst und Ihrem Partner gegenüber gibt Auskunft darüber, wieviel Sie sich im Augenblick, oder auch über einen längeren Zeitraum hinweg gegenseitig bedeuten. Sie bildet die Grundlage für Ihre Beziehung, die wiederum Ihre Kommunikation und die Ihres Partners beeinflußt. Alle vier Grundhaltungen sind in der Ich-Form („Ich halte...") formuliert. Damit soll eine wichtige Grundannahme des Paar-Kommunikationsprogramms verdeutlicht werden: *Jeder Partner entwickelt selbst seine eigene Einstellung und ist für sein Verhalten verantwortlich. Mit anderen Worten: Ich entscheide selbst, ob ich eine aufwertende oder abwertende Grundhaltung habe.*

Einführung

Warum sollte ich Kommunikationsfertigkeiten (Skills) erlernen?

Paare kommunizieren seit Tausenden von Jahren in einer liebevollen und fürsorglichen Art und Weise miteinander. Es gibt keinen Ersatz für Liebe und Fürsorge in der Kommunikation! Dennoch kann es auch bei einer ehrlichen, positiven Grundhaltung immer wieder vorkommen, daß die Kommunikation unklar oder mißverständlich ist. An dieser Stelle sind die Skills hilfreich.

In den letzten 30 Jahren haben Verhaltenswissenschaftler die Art und Weise untersucht, wie Menschen miteinander kommunizieren. Sie haben herausgefunden, daß bestimmte Verhaltensweisen zu gut vorhersehbaren Ergebnissen führen. Mit speziellen Fertigkeiten und Strategien kann man Botschaften genauer, erfolgreicher und wirksamer senden. Weiter bestätigen wissenschaftliche Studien: Diejenigen Paare, die es gelernt haben, ihre Konflikte und Meinungsverschiedenheiten effektiv zu bewältigen, trennen sich seltener als Paare, die diese zwischenmenschliche Kompetenz nicht besitzen.

Mangelnde Kompetenz und der Mißbrauch der Skills

Wenn in einer Partnerschaft eine abwertende Grundhaltung mit mangelnder Kompetenz im Umgang mit Konflikten zusammentrifft, dann wird das Zusammenleben schwierig. Hier kommt es häufig zu verbalen - manchmal sogar auch handgreiflichen - Auseinandersetzungen. Es ist aber ganz selten, daß sich überhaupt keine Spur von Zuneigung mehr findet. Kommunikative Fertigkeiten können helfen, eine vorhandene positive Grundhaltung deutlicher zum Ausdruck zu bringen.

Wenn eine positive Grundhaltung fehlt, können die Skills aber leider auch für eine sehr subtile Form der Manipulation mißbraucht werden. Wenn einer der Partner sich zudem noch minderwertig fühlt, und es zuläßt, daß der andere sich wiederholt abwertend verhält, dann wird die Beziehung darunter leiden. Sowohl eine abwertende Grundhaltung als auch ein Mangel an kommunikativer Kompetenz kann eine Beziehung beeinträchtigen oder zerstören.
Die Kombination einer positiven Grundhaltung mit kommunikativer Kompetenz wird das Selbstwertgefühl bei Ihnen und Ihrem Partner steigern und Ihre Beziehung stärken. *Aufwertende und wirkungsvolle Kommunikationsprozesse erzielen die besten und befriedigendsten Ergebnisse innerhalb der Partnerschaft.*

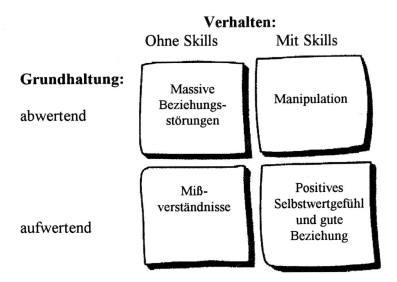

Ziel des Paar-Kommunikationsprogramms

Ziel dieses Paar-Kommunikationsprogramms ist es, Ihnen und Ihrem Partner zu helfen, im alltäglichen Umgang miteinander effektiv zu kommunizieren und dabei sich selbst und dem Partner eine positive Grundhaltung zu vermitteln.

Jedes Kapitel dieses Buches „Wir verstehen uns!" enthält ein Element dieser positiven Grundhaltung und vermittelt wichtige Skills und Strategien, wie Sie diese Einstellung durch Ihr Verhalten konkret ausdrücken können.

Mehr zum Thema Kommunikation

Manchmal werden Sie sich wünschen, mehr Zeit zur Verfügung zu haben, in der Sie mit Ihrem Partner zusammensein und Gespräche führen können. In unserer hektischen Welt ist Zeit manchmal schwer zu finden. Wenn Sie mit Ihrem Partner zusammen sind, kommt es aber nicht so sehr auf die Dauer Ihres Gesprächs an. Viel wichtiger ist, *worüber* und *wie* Sie miteinander reden und wie gut Sie einander zuhören.

Worüber Sie mit Ihrem Partner reden

Worüber Sie mit Ihrem Partner reden ist abhängig von vielen Faktoren: z.B. von Ihren Interessen, Erlebnissen, Wertvorstellungen; von Ihren Lebensumständen, Ihrem Beruf, Familie usw. Zusätzlich beeinflussen unterschiedliche äußere Umstände, wie aktuelle Ereignisse oder sogar die Tageszeit, Ihre Gesprächsthemen.

Einführung

Wir unterscheiden vier Themenbereiche, auf die sich Ihre Gespräche beziehen können: Sachthemen, Themen, die Sie selbst betreffen, Themen, die Ihren Partner betreffen und schließlich Themen, die Ihre Beziehung zueinander betreffen.

Sachthemen beziehen sich auf Dinge, Ereignisse, Ideen, Orte oder auf Personen, die nicht anwesend sind und nicht an dem Gespräch teilnehmen:

„Markus hat heute Abend Fußballtraining."
„Ist noch genug Benzin im Auto?"

Themen, die Sie selbst betreffen, konzentrieren sich auf Ihre eigene Person - Ihre Erfahrungen, Gedanken, Gefühle, Wünsche und Handlungen:

„Ich fühle mich zur Zeit großartig!"
„Ich weiß nicht, was ich tun soll."

Themen, die Ihren Partner betreffen, konzentrieren sich auf seine Person - seine Erlebnisse, Gedanken, Gefühle, Wünsche und Handlungen:

„Du scheinst darüber beunruhigt zu sein."
„Glaubst Du, daß Du heute mit dieser Aufgabe fertig wirst?"

Themen, die Sie selbst oder Ihren Partner betreffen, konzentrieren sich jeweils auf die einzelne Person, *entweder* auf Sie *oder* auf Ihren Partner. Der Gesprächskern ist auf die Person bezogen und erzeugt deshalb mehr persönliche Betroffenheit als es bei Sachthemen der Fall ist.

Der vierte Themenbereich sind ***Themen, die Ihre Beziehung zueinander betreffen.*** Sie erzeugen ebenfalls große persönliche Betroffenheit:

„Ich freue mich, wenn Du mir richtig zuhörst."
„Ich werde Dich unterstützen, wenn Du Deine Arbeitsstelle wechseln möchtest."

Themen, die Ihre Beziehung zueinander betreffen, handeln von *Ihnen und Ihrem Partner gemeinsam:* die gemeinsame Erfahrung, den Einfluß, den Sie aufeinander ausüben und andere Aspekte Ihrer Partnerbeziehung.

Viele Menschen sprechen hauptsächlich über Sachthemen und weniger über das, was sie persönlich beschäftigt. Andere reden nur über sich selbst und zeigen wenig Interesse für die Anliegen oder Sorgen ihrer Mitmenschen. Wiederum andere richten ihre Aufmerksamkeit ganz auf den Gesprächspartner und ermutigen ihn, über sich selbst zu reden. Am wenigsten wird über die Beziehung zu anderen gesprochen. Die meisten Menschen neigen eher dazu, über Sachen, den Partner oder sich selbst zu sprechen, als über die Beziehung zueinander.

Nehmen Sie sich einen Moment Zeit und überlegen Sie, worüber Sie hauptsächlich reden. Sind die Themen ausgewogen? Sprechen Sie zuviel oder zuwenig über sich selbst? Wie oft richten Sie Ihre Aufmerksamkeit auf den Partner? Wie häufig kommt Ihre Beziehung zur Sprache?

Das Wissen um die Unterschiede zwischen den einzelnen Gesprächsthemen ermöglicht es Ihnen, bewußter zwischen den Themen auszuwählen.

Arten von Problemen

Die Unterscheidung zwischen den Gesprächsthemen ermöglicht auch eine Unterscheidung von Problemarten.

Ein Problem ist alles, von dem Sie oder Ihr Partner betroffen sind und was für Sie von Bedeutung ist (Thema, Aufgabe, Ereignis, Konflikt). Probleme fordern Ihre Aufmerksamkeit. Viele Probleme in Partnerschaften fallen unter die drei Kategorien: sachliche, persönliche und Beziehungsprobleme.

Obwohl Probleme meist ein Kernthema besitzen - sachlich, persönlich oder beziehungsbezogen - sind sie nicht immer eindeutig als solche zu erkennen. Häufig erlebt man eine Mischung. Beispiele:
- Das Thema „Beruf" (Sachthema) beinhaltet das „Zusammen- oder Getrenntsein" vom Partner (Beziehungsthema)
- Das Thema „persönliche Wertvorstellungen" (persönlich) ist gekennzeichnet von Gemeinsamkeiten oder unterschiedlichen Auffassungen (beziehungsbezogen)

Manchmal tragen Paare einen Konflikt auf einer sachlichen oder persönlichen Ebene aus und erkennen nicht, daß es sich um ein Problem in ihrer Beziehung handelt. Das Wissen um die unterschiedlichen Problemarten kann Ihnen helfen, die Probleme effektiver zu lösen.

Alle Einzelpersonen und Paare müssen Probleme lösen. Sie entstehen aus ganz alltäglichen Situationen und variieren je nach Lebenszusammenhang. Manche Probleme werden als Herausforderung erlebt, andere als Belastung. Probleme häufen sich, wenn sich die Lebensumstände ändern, z.B. wenn ein Baby kommt, Sie die Arbeitsstelle wechseln, in eine neue Wohnung umziehen, usw. Sie tauchen auf, wenn Sie oder Ihr Partner unzufrieden sind oder sich eine Veränderung wünschen, wenn etwas Unvorhergesehenes geschieht oder auch, wenn Sie oder Ihr Partner sich über die Zukunft Gedanken machen.

Einführung

Arten von Problemen

sachlich

Wohnsituation	Sport	Freizeit
Ausbildung	Drogen	Haustiere
Beruf	Eltern	Aufgaben
Kinder	Karriere	Umzug
Freunde	Zeit	Projekte
Verwandte	Geld	Kleidung
Ernährung	Transport	Reisen

persönlich (Ich oder Partner)

Selbstwert	Fähigkeiten	Ziele
Verantwortung	Aussehen	Erfolg
Energie	Mißerfolg	Identität
Erwartungen	Einstellung	Werte
Gewohnheiten	Glauben	Freiheit
Disziplin	Anerkennung	Leistung
Gesundheit	Kreativität	Tod

beziehungsbezogen (Du und ich, Wir)

Zusammensein/Getrenntsein	Feiern
Nähe/Distanz	Vertrauen
Partnerschaft/Unterordnung	Zuneigung
Stabilität/Veränderung	Verläßlichkeit
Zustimmung/Ablehnung	Sex
Gleichheit/Unterschiedlichkeit	Akzeptanz
Einbeziehen/Ausschließen	Erwartungen
Konflikte/Harmonie	Grenzen
Zusammenhalt/Konkurrenz	Anerkennung
Unterstützung/Kontrolle	Kommunikation
Verständnis/Mißverständnis	

Probleme zu lösen, erfordert ein unterschiedliches Maß an intellektuellen, emotionalen und physischen Energien. *Bei der Lösung von Problemen müssen häufig Entscheidungen getroffen und Konflikte bewältigt werden.*

Verläuft dieser Prozeß erfolgreich, so kann dies zu persönlichem Wachstum führen und die Beziehung bereichern. Ihr Selbstvertrauen und Ihre Fähigkeit, Probleme zu lösen, wird wachsen, wenn Sie mit effektiven Kommunikationsfertigkeiten, wie sie in diesem Buch beschrieben sind, Ihre Probleme miteinander besprechen.

Wie Sie mit Ihrem Partner reden

Worüber Sie mit Ihrem Partner reden, ist wichtig. Aber noch viel wichtiger für Ihre Partnerschaft ist, *wie* Sie miteinander reden. Dieses Buch vermittelt Ihnen Kenntnisse, *wie* Sie miteinander sprechen und *wie* Sie einander zuhören.

Ein kurzer Überblick über dieses Buch

„Wir verstehen uns!" ist aufgeteilt in vier Kapitel. Jedes stellt Konzepte und Fertigkeiten für jeweils einen wichtigen Aspekt der zwischenmenschlichen Kommunikation vor. In jedem Kapitel finden Sie auch Übungen, mit deren Hilfe Sie die Skills und Strategien an Ihren aktuellen Themen ausprobieren können. Die Fertigkeiten bauen aufeinander auf und bilden ein integriertes Modell, wie Sie die Kommunikation mit Ihrem Partner verbessern können.

Kapitel 1: Sich selbst verstehen stellt Ihnen das Bewußtheitsrad vor, ein Modell, das Ihnen hilft, sich das, was in Ihnen und um Sie herum geschieht, bewußt zu machen und Informationen besser zu verarbeiten. Sie erlernen außerdem in diesem Kapitel sechs Gesprächsfertigkeiten für eine vollständige und klare Vermittlung von Informationen.

Kapitel 2: Den Partner verstehen vermittelt fünf einfache, aber wirksame Zuhörfertigkeiten. Die Zuhörfertigkeiten ermöglichen ein besseres Verständnis Ihres Gesprächspartners.

Kapitel 3: Die **Strategie zur Problemlösung** hilft Ihnen, Ihre typischen Verhaltensmuster im Umgang mit Entscheidungen, Problemen und Konflikten zu erkennen. Die Strategie zur Problemlösung integriert die Gesprächs- und Zuhörfertigkeiten (aus Kapitel 1 und 2) zu einer praktischen und kooperativen Vorgehensweise bei Entscheidungen und für die Lösung von Problemen und Konflikten.

Kapitel 4: Kommunikations-Stile wählen: Die Art und Weise, wie wir sprechen und zuhören, beschreibt die charakteristischen Merkmale von vier unterschiedlichen Kommunikations-Stilen sowie deren positive und negative Auswirkungen auf die Gespräche mit Ihrem Partner. Dieses Kapitel liefert außerdem eine integrierte Zusammenfassung aller Konzepte und Skills aus diesem Programm und gibt einen Ausblick auf die Umsetzung in die Praxis.

Arbeitsblätter

Arbeitsblätter, die das Gelernte vertiefen, finden Sie im Anschluß an jedes Kapitel. Einige sind für das Trainingsprogramm im Seminar, andere für die Anwendung zuhause.

Vorher/Nachher-Fragebögen

Die Fragebögen sind entwickelt worden, damit Sie sich persönliche Lernziele setzen können und Ihre Lernfortschritte überprüfen können. Die Fragen beziehen sich auf die Skills und Strategien, die im Buch vermittelt werden. Nehmen Sie sich etwas Zeit, die Fragen vor und nach der Lektüre des Buches oder der Teilnahme an einem Training zu beantworten.

Wie Sie mit diesem Buch arbeiten

Falls Sie an einem Paar-Kommunikationstraining teilnehmen, wird Ihnen der Trainer Erläuterungen zu diesem Buch geben. Falls Sie mit diesem Buch alleine arbeiten, empfehlen wir, kapitelweise vorzugehen und 2-3 Übungen durchzuführen, bevor Sie weiterlesen. Diese Vorgehensweise ermöglicht Ihnen, zuerst das Gelernte einzuüben, bevor Sie weitere, neue Kenntnisse dazulernen.

Teilnahme an einem Paar-Kommunikationstraining

Sie erlernen die einzelnen Skills und Strategien schneller, wenn Sie und Ihr Partner an einem Paar-Kommunikationstraining teilnehmen. Dieses Programm wird entweder in einer Gruppe zusammen mit anderen Paaren durchgeführt oder für einzelne Paare angeboten.

Falls Sie keinen zertifizierten Trainer für dieses Paar-Kommunikationstraining in Ihrer Nähe kennen und an einem Training teilnehmen möchten, so rufen Sie uns an. Wir sind Ihnen gerne bei der Vermittlung eines Trainers behilflich:

Interpersonelle Kommunikationsprogramme

Martin u. Georgia Drescher
Sperlingstr. 60
97422 Schweinfurt
Tel.: 09721/44182 Fax: 09721/42707

Fragebogen vor dem Training

Datum _____

Anleitung: Bevor Sie mit dem ersten Kapitel beginnen, füllen Sie bitte diesen Fragebogen aus, um festzustellen, wie Sie momentan mit Ihrem Partner kommunizieren und um Ihre Lernziele festzulegen. Die Fragen beziehen sich auf die Konzepte und Fertigkeiten, die im Programm vermittelt werden. Führen Sie die folgenden vier Schritte aus:

1. Schritt: Bearbeiten Sie jede Frage zweimal: Markieren Sie zunächst mit einem „X" aktuelle Gewohnheiten und mit einem „O" Ihr angestrebtes Verhalten.

Wenn Sie mit Ihrem Partner/Ihrer Partnerin zusammen sind, wie häufig...

		selten				oft		Differenz
1.	...sprechen Sie für Ihren Partner, legen ihm Worte in den Mund?	1	2	3	4	5	6	_____
2.	...machen Sie sich Ihre Probleme vollständig bewußt, wenn Sie sie bearbeiten?	1	2	3	4	5	6	_____
3.	...sprechen Sie über Ihre Gefühle?	1	2	3	4	5	6	_____
4.	...teilen Sie Ihrem Partner Ihre Wünsche mit?	1	2	3	4	5	6	_____
5.	....hören Sie nur kurz zu, bevor Sie dann selbst das Gespräch übernehmen?	1	2	3	4	5	6	_____
6.	...reflektieren Sie die Gefühlsäußerungen Ihres Partners?	1	2	3	4	5	6	_____
7.	...reflektieren Sie die Wünsche Ihres Partners?	1	2	3	4	5	6	_____
8.	...ermutigen Sie Ihren Partner, Ihnen mehr Informationen zu geben?	1	2	3	4	5	6	_____
9.	...fragen Sie nach, was Ihr Partner denkt, fühlt oder wünscht?	1	2	3	4	5	6	_____
10.	...fassen Sie das Gesagte zusammen, um sicherzustellen, daß Sie alles richtig verstanden haben?	1	2	3	4	5	6	_____
11.	...vermeiden Sie bestimmte Themen?	1	2	3	4	5	6	_____
12.	...schlagen Sie einen geeigneten Zeitpunkt und Ort vor, um ein wichtiges Thema zu besprechen?	1	2	3	4	5	6	_____

Copyright © 1998 by ICP, Inc., Denver, Colorado, USA und inkom M. u. G. Drescher, Schweinfurt, Deutschland

Fragebogen

13.	...zwingen Sie Ihrem Partner Entscheidungen auf?	1	2	3	4	5	6	_____
14.	...geben Sie den Entscheidungen Ihres Partners nach?	1	2	3	4	5	6	_____
15.	...sprechen Sie über Probleme, kommen jedoch zu keinem Ergebnis?	1	2	3	4	5	6	_____
16.	...lösen Sie Probleme durch einen Kompromiß - durch ein gegenseitiges Entgegenkommen?	1	2	3	4	5	6	_____
17.	...lösen Sie Probleme durch eine gemeinsam erarbeitete Lösung - einen Konsens?	1	2	3	4	5	6	_____
18.	...haben Sie angenehme, anregende Unterhaltungen mit Spaß?	1	2	3	4	5	6	_____
19.	...bevormunden oder belehren Sie Ihren Partner?	1	2	3	4	5	6	_____
20.	...streiten oder zanken Sie?	1	2	3	4	5	6	_____
21.	...klagen Sie oder greifen Sie Ihren Partner direkt an?	1	2	3	4	5	6	_____
22.	...machen Sie abfällige, lästernde Bemerkungen?	1	2	3	4	5	6	_____
23.	...suchen Sie nach möglichen Ursachen für ein Problem?	1	2	3	4	5	6	_____
24.	...entwickeln Sie viele Ideen zur Lösung eines Problems?	1	2	3	4	5	6	_____
25.	...senden Sie klare, vollständige und direkte Botschaften?	1	2	3	4	5	6	_____

Gesamtdifferenz _____

2. Schritt: Sobald Sie alle Fragen beantwortet haben, ermitteln Sie die Differenz zwischen aktuellem und angestrebtem Verhalten. Falls „X" und „O" auf derselben Zahl sind, beträgt die Differenz = 0. Falls „X" z.B. auf der Zahl 5 und „O" auf der Zahl 2 liegt, beträgt die Differenz = 3. Es spielt keine Rolle, ob die Differenz positiv oder negativ ist, nur der absolute Wert zählt.

3. Schritt: Bilden Sie die Summe der Differenzen (Gesamtdifferenz).

4. Schritt: Gehen Sie die Fragen nochmals durch. Markieren Sie diejenigen, die eine Differenz von mehr als 2 haben. Hier werden Sie von einer Veränderung oder dem Erlernen von Fertigkeiten am meisten profitieren. (Auf der folgenden Seite können Sie Ihre Lernziele festlegen.)

Lernziele festlegen

Anleitung: Notieren Sie auf der Basis der eben beantworteten Fragen fünf Verhaltensweisen, die Sie verändern möchten. Betrachten Sie diese als Ihre Lernziele für das Paar-Kommunikationsprogramm.

Lernziele: **Erwünschtes bzw. abzubauendes Verhalten (kurze Beschreibung)**

1. Frage Nr. ____ _____

2. Frage Nr. ____ _____

3. Frage Nr. ____ _____

4. Frage Nr. ____ _____

5. Frage Nr. ____ _____

Nachdem Sie und Ihr Partner (jeder für sich) den Fragebogen ausgefüllt haben, vergleichen Sie die Antworten und teilen Sie sich Ihre Lernziele gegenseitig mit.

Sich selbst verstehen

1

Sich selbst verstehen

Das Bewußtheitsrad

Das Bewußtheitsrad ist ein Hilfsmittel, mit dem Sie Ihre Bewußtheit verbessern können - über das, was Sie zu jedem Zeitpunkt gerade erleben. In diesem Kapitel, möchten wir Ihnen zeigen, wie Sie dieses Modell verwenden können, um sich selbst besser zu verstehen. Sobald Sie vertraut sind mit dem Bewußtheitsrad, kann es Ihnen auch behilflich sein, Ihren Partner besser zu verstehen.

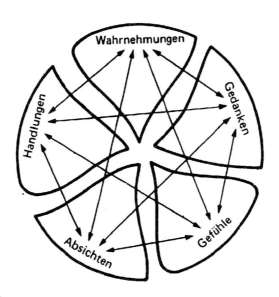

Das Bewußtheitsrad enthält fünf unterschiedliche Informationsbereiche: Wahrnehmungen (Sinnesdaten), Gedanken, Gefühle, Wünsche, und Handlungen. Alle Informationsbereiche sind klar voneinander abgegrenzt, dennoch hängen sie zusammen und beeinflussen sich gegenseitig. Alle fünf Informationsbereiche sind in Ihrem Erleben zu jedem Zeitpunkt vorhanden, auch wenn Sie sich dessen nicht immer bewußt sind. Sie können sich aber diese Informationen jederzeit bewußt machen, wenn Sie sich ihnen gezielt zuwenden.

Dieses Kapitel beschreibt zunächst jeden der fünf Informationsbereiche und zeigt Ihnen dann, wie Sie das Bewußtheitsrad anwenden können zur...
- Selbstanalyse - indem Sie Situationen oder Themen analysieren, um sie vollständig zu verstehen und um mehr Handlungsoptionen zu erhalten
- Kommunikation - indem Sie Ihre Bewußtheit mit speziellen Gesprächsfertigkeiten anderen mitteilen

Sinnesdaten - Wahrnehmung von Informationen

Ihre fünf Sinne - Sehen, Hören, Riechen, Schmecken und Tasten - sind Ihre unmittelbare Verbindung zu Ihrer Außenwelt. Durch sie erhalten Sie Impulse. Während einer Unterhaltung, erhalten Sie Sinnesdaten beispielsweise in Form von:

Gesten	Zahlen	Geschichten
Tonfall	Worte	Gerüche
Körperhaltung	Kommentare	Mimik

Je mehr Sie auf die Feinheiten achten von dem, was Sie sehen, hören, riechen, schmecken und ertasten, desto bewußter wird Ihnen, was um Sie herum geschieht. Das Verhalten Ihrer Mitmenschen, sowohl das verbale als auch das nonverbale, wird so zu Ihrer Sinneswahrnehmung, sozusagen zu Ihrem sensorischen Input. Gleiches gilt für all die Dinge, die Sie in einer bestimmten Situation umgeben.

Sich selbst verstehen

Wahrnehmung *nonverbaler* Informationen:

Auch ohne, daß ein Wort gesprochen wird, nehmen Sie folgende Informationen wahr:

Visuelle Sinnesdaten (sehen):
- Umgebung - den Ort und die Personen, die anwesend sind
- Zeit - die Tageszeit und wie schnell oder langsam etwas passiert
- Distanz - wie weit die Gesprächspartner auseinanderstehen und in welcher Anordnung
- Körpersprache - die Körperhaltung, der Blickkontakt, die Mimik, Gestik, und allgemeine Körperbewegungen
- Energiepegel - die Aufmerksamkeit, das Engagement oder den Ermüdungsgrad
- Gegenstände - Geschirr, Möbel, Papier, technische Ausrüstung
- Kleidung - formell oder informell, ordentlich oder unordentlich
- Medien - Fernsehbilder, Zeitungen

Akustische Sinnesdaten (hören):
- Hintergrundgeräusche - Gespräche, Radio, Fernseher, Küchengeräte in Betrieb
- Sprechgeschwindigkeit und Sprechflüssigkeit - langsam, mittel, schnell; flüssig oder stotternd
- Tonfall - tief, mittel, hoch, flach, unruhig, angestrengt, stark, selbstbewußt
- Lautstärke - leise, mittel, laut
- Ausdruck und Klarheit - deutlich, undeutlich

Mit Ihrem **Tastsinn** (hart, weich, heiß, kalt, steif, biegsam, glatt, rauh), **Geruchssinn** und **Geschmackssinn** nehmen Sie ebenfalls wichtige nonverbale Informationen auf.

Intuitive „Wahrnehmungen"

Eine ebenfalls wichtige Form von „Wahrnehmung" ist die Intuition - „Daten", die nicht aus der gegenwärtigen, externen, physischen Welt kommen, sondern aus der inneren Welt der Erinnerungen, Assoziationen, Einsichten, Träume, Ahnungen, usw. Wenn intuitive Wahrnehmungen auftauchen, ist es häufig schwierig, sie mit objektiven Fakten zu belegen, und zwar deswegen, weil die Intuition sich aus inneren und äußeren Informationen zusammensetzt. Bei intensiverem Nachfragen ist es den meisten Menschen jedoch möglich ihre inneren und äußeren Wahrnehmungen differenziert zu beschreiben.

Gedanken - Wie Sie die Realität bewerten und interpretieren

Gedanken, die Sie sich machen, Ihre Interpretation und Erklärungen der Realität, helfen Ihnen, sich selbst, andere und den situativen Zusammenhang zu begreifen. Ihre Gedanken werden von Ihren *persönlichen Einstellungen und Überzeugungen* beeinflußt, die aus früheren Erfahrungen stammen, außerdem von Ihren *Erwartungen und Ahnungen*, die Sie in Bezug auf die Zukunft haben. Hier sind einige Begriffe, die signalisieren, daß es sich um Gedanken handelt:

Annahmen	Urteile	Einwände	Ideen
Schlußfolgerungen	Eindrücke	Prinzipien	Werte
Überzeugungen	Vermutungen	Argumente	Glaube
Befürchtungen	Gründe	Vorteile	Theorie

Dieser Informationsbereich beinhaltet logische, analytische und wissenschaftlichen Denkprozesse, bei denen Daten und Fakten gegeneinander abgewogen werden, um zu einer Schlußfolgerung zu gelangen. Nicht alle Gedanken sind jedoch logisch.

Wenn Probleme auftauchen, sind immer Meinungen, Interpretationen und Erwartungen mit im Spiel. Wenn Sie deren Einfluß erkennen, hilft es Ihnen, das Problem besser zu verstehen.

Persönliche Einstellungen und Überzeugungen

Ihre persönlichen Einstellungen und Überzeugungen aus früheren Erfahrungen sind bei der Bewertung und Lösung von aktuellen Problemen entweder nützlich oder hinderlich. Jedenfalls sind sie sehr mächtig. Sie beeinflussen Ihre Wahrnehmung - das was Sie sehen und hören - ebenso wie andere Bereiche des Bewußtheitsrades.

Ihr Selbstwertgefühl ist z.B. eine Mischung aus Bewertungen, Vorurteilen und Überzeugungen, die Sie im Laufe der Zeit über sich selbst gewonnen haben. Wenn Sie sich selbst für kompetent, innovativ und verantwortungsvoll halten, so werden Sie viele Probleme entsprechend selbstsicher meistern können. Und entsprechend werden Sie, wenn Sie in Bezug auf Ihre Fähigkeiten von Selbstzweifeln geplagt sind, auf andere unsicher wirken. So führen Einstellungen, Vorurteile und Überzeugungen oft zu sich selbst erfüllenden Prophezeihungen.

Interpretationen

Interpretationen sind die Schlußfolgerungen, die Sie aus den von Ihnen wahrgenommenen Sinnesdaten ziehen. Sie sind das Ergebnis Ihrer Analyse der vorgefundenen Fakten.

Interpretationen verdeutlichen Ihr Verständnis der Realität - wie Sie sich das, was Sie um sich herum wahrnehmen, erklären und in einen Sinnzusammenhang bringen. Andere Personen können das gleiche sehen und hören, aber zu ganz anderen Schlußfolgerungen gelangen. Ein Beispiel: Sie und Ihr Partner kommen nach Hause und sehen schmutziges Geschirr herumstehen. Sie selbst interpretieren dies vielleicht als ein verantwortungsloses Verhalten Ihres 12-jährigen Sohnes, der sich etwas kocht und dann nicht aufräumt, während Ihr Partner es möglicherweise positiv bewertet, daß Ihr Sohn selbstständig handelt und Initiative zeigt, wenn er sich allein sein Essen zubereitet.

Erwartungen

Erwartungen sind das, was Sie glauben, was zukünftig geschehen wird. Sie erwarten zum Beispiel, daß Sie Ihren Partner um 2 Uhr treffen werden. Oder Sie erwarten nach einer Diskussion mit Ihren Kindern über gute Tischmanieren eine entspanntere Mahlzeit. Eine Erwartung ist eine vorweggenommene Erfahrung, von der man meint, daß sie in der Zukunft eintritt.

Fehler in der Wahrnehmung

Ihre persönlichen Einstellungen, Vorurteile und Überzeugungen wirken ebenso wie andere Bereiche Ihres Bewußtheitsrades bei der Wahrnehmung von Problemen und Situationen wie ein Filter. Wenn Sie über die Realität nachdenken, sie interpretieren oder bewerten, ist es deshalb leicht möglich, daß Sie bestimmte Sinnesdaten ausblenden (löschen) oder sich welche einbilden (hinzufügen).

Gefühle - Wie Sie emotional reagieren

Gefühle sind Ihre spontanen und natürlichen Reaktionen auf das Wechselspiel zwischen Ihren Sinnesdaten, Ihren Gedanken und Ihren Wünschen in einer bestimmten Situation. Ihre Sinne sind ständig auf der Suche nach Hinweisen, wie gut Ihre Wünsche und Erwartungen erfüllt oder nicht erfüllt sind. Je nachdem, wie gut Ihre Wahrnehmungen mit Ihren Gedanken übereinstimmen, werden positive oder negative Gefühle geweckt. Je stärker die Wünsche und Erwartungen, desto stärker sind die Gefühle, die daraus hervorgehen.

Sie erwarten beispielsweise eine berufliche Beförderung, aber die Stelle wird an jemand anderen vergeben. Sie fühlen sich daraufhin möglicherweise verletzt, verärgert und eifersüchtig. Andererseits jedoch fühlen Sie sich vielleicht etwas erleichtert, vor allem, wenn Sie gleichzeitig befürchtet haben, daß die Stelle Sie möglicherweise überfordert hätte.

Ihre emotionale Reaktion drückt sich auch körperlich aus. Wenn Sie auf Ihre körperlichen Reaktionen achten, bekommen Sie Hinweise auf die Gefühle, die Sie gerade erleben. So äußert sich Wut zum Beispiel in Muskelanspannung und einem roten Kopf, die Stimme ist laut und hat einen scharfen Ton. Wenn Sie zufrieden sind, ist Ihre Atmung tief und ruhig, die Muskeln in Ihrem Gesicht, Nacken und Schultern sind entspannt.

Folgende Begriffe helfen Ihnen dabei, Gefühle zu identifizieren:

glücklich	neidisch	einsam	enttäuscht
traurig	aufgeregt	gereizt	begeistert
zufrieden	entspannt	fasziniert	zuversichtlich
wütend	frustriert	unruhig	müde
ruhig	erregt	sexy	gelangweilt
ängstlich	vorsichtig	irritiert	überrascht
verletzt	peinlich	stolz	eifersüchtig

Sich selbst verstehen

Je häufiger sich Ihre positiven Wünsche und Erwartungen erfüllen, umso mehr werden Sie positive Gefühle erleben. Je unklarer Ihnen ist, was auf Sie zukommt und was Sie erwartet, desto unsicherer und unruhiger werden Sie sich fühlen. (Unsicherheit ist eine Hauptursache von Streß.) Wiederholt unerfüllte Wünsche und Erwartungen führen zu Wut und Depression.

Gefühle sind wertvolle Hinweise

Manche Menschen meinen, Gefühle seien irrational und schwer zu verstehen. Tatsache ist jedoch, daß Gefühle gut vorhersehbar und nachvollziehbar sind. Ihre Gefühle spiegeln immer das wider, was sich in anderen Teilen des Bewußtheitsrades abspielt. Gefühle tauchen nicht einfach „aus dem Nichts heraus" auf, außer, wenn krankheitsbedingt oder durch den Mißbrauch von Drogen das innere Gleichgewicht gestört ist.

Gefühle sind Informationen über Ihren momentanen Zustand, die immer Ihre Berechtigung haben. Sie müssen nicht gerechtfertigt, geleugnet oder unterdrückt werden. Sie sind ein Teil der Realität. Wenn Sie Ihre Gefühle übersehen oder übergehen, fehlt Ihnen ein wichtiger Informationsbereich.

Wenn Menschen über Ihre Gefühle nachdenken, denken Sie normalerweise nur an ein einzelnes, isoliertes Gefühl. Meistens jedoch sind mehrere, verschiedene Gefühle gleichzeitig vorhanden, wie z.B. Frustration, Enttäuschung und Verärgerung. Gefühle sind nicht nur positiv oder negativ. Oft sind sie vermischt. Jedes einzelne Gefühl ist mit einem speziellen Gedanken oder einem bestimmten Teil einer Erwartung verbunden.

Gefühle über Gefühle

Die meisten Menschen erleben bestimmte Gefühle über ihre eigenen Gefühle. Zum Beispiel sind sie verlegen wegen ihrer Angst vor Nähe; fühlen sich schuldig wegen ihrer Wut oder ihrem Stolz; schämen sich wegen ihrer Eifersucht oder ihrem Neid. Hier kommt zum Ausdruck, welche Einstellungen sie gegenüber ihre jeweiligen Gefühle gelernt und verinnerlicht haben: daß *man sich schuldig fühlt, sich schämt, usw.* Beachten Sie, daß Ihre Einstellung gegenüber Ihren Gefühlen Ihr spontanes Erleben in einer bestimmten Situation beeinflussen kann.

Mit Gefühlen umgehen

Gefühle zu erleben, ist kein Zeichen von Schwäche oder mangelnder Selbstbeherrschung. Im Gegenteil, unsere Gefühle sind eine wichtige Voraussetzung für Selbstkontrolle. Sobald Sie sich Ihre Gefühle bewußt machen, verlieren sie gewöhnlich ihre Macht über Sie. Im Kontakt zu sein mit den eigenen Gefühlen ist wichtig für das eigene Wohlbefinden und eine effektive, erfolgreiche Kommunikation.

Absichten, Ziele - Was Sie sich wünschen

Absichten und Ziele sind das, was Sie für sich selbst, für andere und für Ihre Beziehung zueinander wünschen. Ihre Wünsche und Ziele können groß oder klein sein, langfristig oder kurzfristig. Sie beinhalten normalerweise immer eine Bewegung zu oder weg von jemandem oder etwas.

Die folgenden Begriffe drücken Wünsche, Absichten und Ziele aus:

Ziel	Hoffnung	Interesse	Wunsch(traum)
Wille	Vorhaben	Bitte	Bedürfnis
Streben	Motivation	Forderung	Anspruch

Betrachten Sie Ihre Absichten und Ziele als Mini-Pläne - als Ihre Prioritäten. Sie beginnen oft als Traum oder Vision, und werden dann in konkrete Ziele und Absichten umformuliert. Sie können vertauscht und umgeordnet werden, während Sie Alternativen abwägen. Sie bleiben solange unverbindlich, bis sie in konkrete zukünftige Handlungen umformuliert werden.

Wünsche haben motivierende Kräfte

Jeder Mensch wünscht sich etwas. Wünsche motivieren Sie und andere und verleihen Ihnen die Energie, die Sie brauchen, um Ziele zu erreichen. Wenn Sie sich Ihre Wünsche, Absichten und Ziele bewußt machen, bündeln Sie Ihre Energien und entwickeln enorme Kräfte. Wer hinsichtlich seiner Wünsche und Ziele keine Klarheit hat, fühlt sich oft festgefahren.

Sich selbst verstehen

Es gibt drei unterschiedliche Arten von Wünschen:

1. *etwas sein:* ehrlich, respektiert, geliebt, ernstgenommen, erfolgreich, gesund, hilfsbereit, zufrieden usw.
2. *etwas tun (allgemein):* konkurrieren, gewinnen, zusammenarbeiten, sich rächen, ignorieren, klären, zerstören, verlangen, zuhören, überzeugen, verstehen, unterstützen, behindern, usw.
   etwas tun (konkret): ein Projekt beenden, eine Zeitung lesen, mit Ihrem Partner sprechen, Abendessen zubereiten, den Job wechseln usw.
3. *etwas haben:* eine gute Ausbildung, einen interessanten Job, eine zufriedenstellende Beziehung, eine glückliche Familie, ein schönes Auto, Ersparnisse, usw

Ebenso wie es bei den Gefühlen der Fall ist, treten Wünsche häufig in Kombinationen auf. Sie variieren in ihrer Intensität und können untereinander im Wettstreit sein. Ein Beispiel: Ein Teil in mir möchte mit Dir zusammensein, ein anderer Teil von mir möchte seine Ruhe haben. Auseinanderlaufende oder widersprüchliche Ziele können viel Energie erfordern.

Wünsche für sich selbst, den anderen, und die Beziehung

Wünsche können mir selbst, meinem Partner oder unserer Beziehung gelten.

Wünsche für sich selbst

Wenn man über Wünsche nachdenkt, denkt man in der Regel nur an sich selbst: Was ich *mir für mich selbst* wünsche.

Wünsche für andere, den Partner

Wenn man über andere nachdenkt, denkt man meist darüber nach, was man sich *von anderen, vom Partner* (für sich selbst) wünscht - und nicht, was man *für den Partner* wünscht. Der Unterschied zwischen *für* und *von* ist jedoch groß, und hat Auswirkungen auf die Beziehung zu Ihrem Partner und anderen Menschen, die Ihnen in Ihrem Leben wichtig sind.
Wenn Sie über das nachdenken, was Sie *von* anderen wollen, machen Sie sich eigentlich nur Ihre eigenen Wünsche bewußt. Ihre Aufmerksamkeit ist darauf gerichtet, was die anderen für Sie tun könnten, damit Sie Ihre Ziele erreichen. (Das, was Sie sich von Ihrem Partner wünschen, kann somit leicht zu einer Forderung werden.)

Wenn Sie im positivem Sinne und ohne Hintergedanken überlegen, was Sie *für* Ihren Partner wünschen, dann sind Sie auf dem richtigen Weg. Denken Sie statt über Ihre eigenen Interessen einmal über die Interessen Ihres Partners nach - auf der Grundlage dessen, was dieser selbst aktuell an Wünschen geäußert hat; darin liegt der Schlüssel zum Verständnis seiner Wünsche. Sie zeigen damit, daß Sie ihn ernstnehmen und schätzen.

Ein Beispiel: Angenommen Sie sind jemand, der nicht besonders pünktlich ist. Ihrem Partner ist jedoch Pünktlichkeit sehr wichtig. Wenn Sie sich bemühen, rechtzeitig zu Terminen oder Verabredungen zu erscheinen, tun Sie etwas *für* Ihren Partner. Sie ziehen vielleicht keinen unmittelbaren Vorteil aus Ihrem Verhalten, aber Sie vermitteln dadurch Ihrem Partner Respekt und eine positive Wertschätzungsgrundhaltung. Sie gehen über Ihre persönlichen Interessen hinaus und tun etwas *für* Ihren Partner.

Wünsche für die Beziehung

Wenn Sie über Ihre Wünsche für die Beziehung nachdenken, überlegen Sie: „Inwieweit nützt es uns - als Paar oder als Familie?" Hier denken Sie an sich *und* andere als Teile eines Systems und konzentrieren sich auf die Interessen einer übergeordneten Ebene. Meistens bestehen Wünsche nach gegenseitigem Vertrauen, Zuneigung, Liebe, Erfolg.

Ihre Wünsche für sich selbst, für andere und für die Beziehung haben großen Einfluß auf Ihre Kommunikation. Dies ist so, weil das, was Sie sich wünschen, bewußt oder unbewußt, sich in Ihren Handlungen (das ist der nächste Informationsbereich im Bewußtheitsrad) unmittelbar ausdrückt.

Handlungen - Wie Sie sich verhalten

Das Segment der Handlungen im Bewußtheitsrad beinhaltet:

- **vergangene Handlungen**: das, was Sie früher (vorhin, gestern, letzte Woche, letztes Jahr...) getan oder gesagt haben.

Sich selbst verstehen

- **gegenwärtige Handlungen**: das, was Sie gerade hier und jetzt sagen oder tun.
- **zukünftige Handlungen**: das, was Sie verbindlich später (in der nächsten Stunde, morgen, nächste Woche...) tun werden.

Ihre Handlung ist alles, was Sie tun, und wie Sie sich nach außen hin verhalten. Sie ist das Ergebnis der Verarbeitung Ihrer Gedanken, Gefühle und Absichten. Handlungen sind auch das, was Sie verbindlich beschließen, zukünftig zu tun.

Handlungen sind zum Beispiel:

Gewohnheiten	Untätigkeit	Leistungen
Äußerungen	Bewegungen	Vereinbarungen
Aktivitäten	Vorschläge	Versprechungen

Die meisten von uns sind sich dieser komplexen Handlungen bewußt. Wir beachten jedoch weniger unsere kleinen Handlungen, die unsere Unterhaltung begleiten und akzentuieren: die Sprechpausen, das Fußwippen, das Stirnrunzeln, Fingerdeuten oder Lächeln. All diese Handlungen sind Sinnesdaten für die anderen und tragen dazu bei, wie wir wahrgenommen werden.

Zukünftige Handlungen

Hier entscheiden Sie sich und verpflichten Sie sich, etwas zu tun oder nicht zu tun, etwas zu sagen oder nicht zu sagen. Eine Entscheidung zu treffen und etwas zu tun ist ein bewußter Willensakt.

Zukünftige Handlungen sind das, was Sie tun werden. Zukünftige Handlungen bedeuten eine klare Verbindlichkeit (wann werde ich was tun).

Situationsanalyse mit dem Bewußtheitsrad

Durch Ihre Wahrnehmungen (Sinnesdaten von außen), Ihre Gedanken, Gefühle, oder Wünsche (Impulse von innen) werden Sie darauf aufmerksam, daß Sie gerade etwas beschäftigt: Sie sind mit einem bestimmten Thema oder Problem konfrontiert.

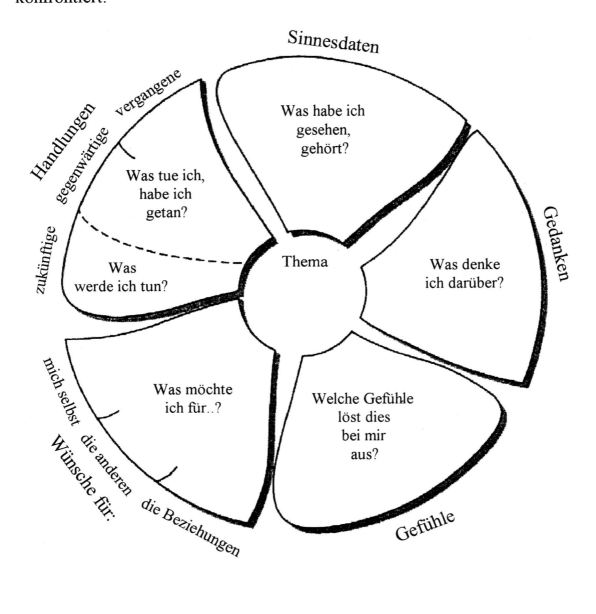

Probleme oder Themen machen sich bemerkbar als:

- überraschende Sinneswahrnehmungen (z.B. Beobachtungen)
- unklare, verwirrende oder beunruhigende Gedanken
- Unwohlsein oder negative Gefühle
- unerfüllte oder sich widersprechende Wünsche
- unpassende Handlungsweisen oder Untätigkeit

Wenn Probleme auftauchen, kann man das Bewußtheitsrad dazu benutzen, das Problem zu analysieren. Eine weitere Möglichkeit ist, mit speziellen, aus dem Bewußtheitsrad abgeleiteten Gesprächsfertigkeiten Ihre Bewußtheit anderen mitzuteilen.

Erweitern Sie Ihre Bewußtheit

Die Situationsanalyse ist eine persönliche Reflexion und ein innerer Dialog über die vergangenen, gegenwärtigen und zukünftigen Aspekte eines Problems. Fragen Sie sich: „Was ist geschehen und was passiert gerade jetzt? Wie erlebe ich die Situation?" Verwenden Sie das Bewußtheitsrad, um Ihr Bewußtsein über das Thema zu erweitern.

Auf dem Bild sehen Sie, wie man das Bewußtheitsrad zur Situationsanalyse verwenden kann. In folgendem Beispiel beschäftigt sich Peter mit der Frage, wie er mit den Schulproblemen seiner 14-jährigen Tochter Julia umgehen soll. Darüber hatte er in den letzten Wochen öfters eine Meinungsverschiedenheit mit seiner Frau Andrea.

Vergangene und gegenwärtige Handlungen:

Vor zwei Tagen hat Peter seine Tochter angebrüllt, als sie eine schlechte Note nach Hause brachte. Seiner Frau Andrea hat er vorgeworfen, sie kümmere sich zu wenig um Julia.

Sinnesdaten:

Peter stellte fest, daß sich Julias Noten in den Hauptfächern, vor allem aber in Mathe, seit Beginn des Schuljahres verschlechtert hatten und daß sie regelmäßig mindestens drei Abende pro Woche mit ihrer Clique unterwegs war. Gestern hörte er, wie sie zu seiner Frau sagte, daß sie die Schule „hinschmeißen" wolle. Er sah, daß seine Frau Tränen in den Augen hatte.

Gedanken:

Peter war sich sicher, daß Julia intelligent genug ist, um die Schule zu schaffen. Den Grund für die Schulprobleme vermutete er vor allem in der Ablenkung durch ihre Clique. Vielleicht müsse man ihr deshalb ihre Freiheiten etwas einschränken. Andererseits könnte das auch alles nur schlimmer machen. Er glaubte, daß das alles seine Frau auch sehr stark belastete.

Gefühle:

Peter hatte ein schlechtes Gewissen wegen des Vorfalls vor zwei Tagen und wegen der Vorwürfe an seine Frau. Vor allem aber machte er sich Sorgen und fühlte sich angespannt.

Wünsche:

Peter wünschte seiner Tochter Erfolgserlebnisse und Spaß in der Schule. Er hoffte, damit würde auch das Familienleben wieder harmonischer werden. Sein Ziel war, gemeinsam mit seiner Frau und seiner Tochter eine einvernehmliche Lösung für das Problem zu finden.

Sich selbst verstehen

Zukünftige Handlungen:

Peter entschied, am nächsten Abend mit seiner Frau und seiner Tochter ein offenes Gespräch zu führen und mit ihnen gemeinsam nach einer Lösung zu suchen.

Das Bewußtheitsrad kann Ihnen bei der Situationsanalyse helfen, indem Sie alle fünf Informationsbereiche erkennen und verstehen. Dieses Verstehen erweitert Ihre Handlungsmöglichkeiten zur Lösung des Problems.

Die Gesprächsfertigkeiten

Wenn Sie das Ergebnis Ihrer Situationsanalyse mit dem Bewußtheitsrad anderen mitteilen wollen, verwenden Sie die folgenden sechs Gesprächsfertigkeiten. Damit werden Ihre Botschaften klarer und eindeutiger. Die Fertigkeiten helfen Ihnen, Ihrem Partner mitzuteilen, was in Ihnen vor sich geht. Die sechs Gesprächsfertigkeiten sind:

1. Selbstverantwortlich sprechen

2. Sinnesdaten mitteilen, mit Fakten belegen

3. Gedanken mitteilen

4. Gefühle äußern

5. Absichten, Ziele, Wünsche mitteilen

6. Über Handlungen sprechen und entscheiden

1. Selbstverantwortlich sprechen

Diese Fertigkeit ist die Grundlage für alle anderen Gesprächsfertigkeiten. Wenn Sie selbstverantwortlich sprechen, verbinden Sie immer ein persönliches Fürwort (Ich, mein, usw.) mit den Botschaften aus Ihrem Bewußtheitsrad.

z.B. „*Ich* hätte gerne mehr Zeit, um darüber nachzudenken."
„Deine Antwort gefällt *mir*."
„*Mein* Vorschlag ist folgendermaßen...."
„*Ich* werde Dich am Dienstag anrufen."

Selbstverantwortlich sprechen signalisiert, daß Sie die Verantwortung übernehmen für das, was Sie sagen. Dadurch werden Ihre Botschaften klarer und verständlicher. Ihre Gesprächspartner werden Ihre Botschaften akzeptieren als Ihre persönliche, subjektive Sichtweise und werden seltener Ihre Gedanken, Gefühle oder Wünsche ablehnen können.

Für sich selbst sprechen bedeutet nicht, daß Sie sich nur für Ihre persönlichen Handlungen, Interessen und Sorgen interessieren. Sie können Ihre Bewußtheit über jedes beliebige Thema mitteilen: „Ich bin besorgt über die hohe Arbeitslosigkeit" (sachliches Thema), „Mir ist heute ein Stück von meinem Zahn abgebrochen." (Thema, das mich selbst betrifft), „Deine Geschichte fasziniert mich. Erzähle mir mehr darüber." (Thema, das den Partner betrifft), „Ich wünsche mir, daß wir uns wieder vertragen." (Thema, das die Beziehung betrifft)

Überverantwortliche „Du"-Botschaften

Statt über sich selbst zu sprechen, kann man auch über andere sprechen. Wenn man überverantwortlich spricht, verwendet man Worte wie: „Du", „Sie", „Wir", „Alle", „Keiner". Man provoziert bei den anderen damit Widerstand und eine Verteidigungshaltung, einfach durch die Art und Weise, wie man etwas sagt. Bei den anderen entsteht der Eindruck, man wolle ihnen Meinungen, Gefühle oder Wünsche aufdrängen.

> „So denkst *Du* doch nicht wirklich!
> „*Du* hörst mir ja überhaupt nicht zu."
> „Das glaubt Dir doch *keiner*."
> „Das wissen doch *alle* hier."
> „Jetzt bist *Du* beleidigt!"

Wenn Sie überverantwortlich sprechen, ist es für Sie meist zum Nachteil, da es nur wenige Menschen mögen, wenn sie bevormundet werden, auch wenn es nur der leiseste Versuch ist. Die meisten Menschen empfinden es als Mißachtung, als dominierend und manipulativ, selbst dann, wenn das, was gesagt wurde, richtig ist und normalerweise vielleicht akzeptiert werden würde.

Wenn man seine Botschaften überverantwortlich formuliert, wird dies leicht als kategorisches Urteil erlebt und weniger als eine persönliche Meinung, die Raum für andere Sichtweisen zuläßt. Ihr Gesprächspartner fühlt sich möglicherweise veranlaßt, sich zu verteidigen und sich gegen Ihre Übergriffe zur Wehr zu setzen.

Wenn Sie aber selbstverantwortlich sprechen, signalisieren Sie Wertschätzung gegenüber sich selbst und gegenüber anderen, indem Sie ihnen die Möglichkeit lassen, sie selbst zu sein.

Unterverantwortliche „Man"-Botschaften

Es gibt Menschen, die häufig „für niemanden sprechen". Diesen Botschaften fehlt Klarheit und Direktheit. Man muß oft herumrätseln, wer und was eigentlich gemeint ist.

Unterverantwortlichen Botschaften fehlt das persönliche Engagement. Durch die Formulierungen: „Es", „Man", „Manche", usw., anstelle der Formulierung „Ich", erscheinen sie kühl und distanziert.

> „*Es* wäre gut, wenn *man* das Thema offener ansprechen würde."
> „*Man* sollte sich darüber nicht so aufregen."
> „*Manche* Leute lassen *einen* überhaupt nicht aussprechen."

Diese Formulierungen sind vorsichtig, unverbindlich und indirekt. Menschen, die so sprechen, scheinen nicht persönlich hinter dem zu stehen, was sie meinen. Mit der Zeit werden andere ebenfalls skeptisch gegenüber den Ansichten dieser Menschen sein.

Kurz gesagt, selbstverantwortliches Sprechen hilft, Botschaften klar und unmißverständlich mitzuteilen. Sie werden von anderen dadurch leichter verstanden.

2. Sinnesdaten mitteilen und mit Fakten belegen

Wenn Sie Sinnesdaten mitteilen, beschreiben Sie, was Sie hören, sehen, schmecken, riechen oder tasten - Ihre Wahrnehmungen aus der Umwelt. Meistens enthalten diese Mitteilungen Informationen über Sachen oder eine Person. Wenn Sie Ihre Sinnesdaten mitteilen, liefern Sie konkrete Informationen über das, was Sie *an einem bestimmten Zeitpunkt und Ort* wahrgenommen haben. Je genauer Sie Ihre Sinnesdaten beschreiben, desto nützlicher sind sie für andere.

In zwischenmenschlichen Situationen beschreiben Ihre Sinnesdaten das, was Sie beim anderen wahrgenommen haben - sein verbales und nonverbales Verhalten - nicht Ihr eigenes.

> „Ich sehe, daß Du die Stirn runzelst."
> „Ich bemerkte, daß alle im Raum plötzlich still wurden, als Du vorschlugst, keine Geschenke mehr zu Weihnachten auszutauschen."
> „Ich habe gehört, wie Du gelacht hast."

Sinnesdaten beinhalten ebenso Fakten, Zahlen, Dokumente oder Informationen aus anderen Quellen.

„Tobias hat 38 Grad Fieber."

Gedanken mit Sinnesdaten und Fakten belegen

Wenn Sie Ihre Meinungen und Gedanken mit Sinnesdaten belegen, haben andere die Möglichkeit, Ihre Schlußfolgerungen nachzuvollziehen. Sie können dann ihrerseits ihre Interpretation der gleichen Sinnesdaten geben. Vergleichen Sie die beiden folgenden Aussagen A und B:

A: „Du bist müde." (Wenn Sie in dieser Weise überverantwortlich sprechen, provozieren Sie möglicherweise eine scharfe Gegenantwort, wie: „Nein, bin ich nicht!")

B: „Du siehst blaß aus heute morgen. Du wirkst müde auf mich. Ich habe mitbekommen, daß Du in den letzten Wochen öfters 12-14 Stunden am Tag gearbeitet hast." (Durch selbstverantwortliches Sprechen und das Mitteilen von Sinnesdaten wird die Botschaft eindeutiger gesendet und leichter akzeptiert.)

Sinnesdaten können verwendet werden, um Meinungen zu belegen, oder um in einer Diskussion Verständnis zu erzielen. Wie Sie Sinnesdaten im Gespräch einsetzen, ist abhängig von Ihren Zielen und Ihren Absichten.

3. Gedanken mitteilen

Ihre Gedanken mitteilen heißt einfach, daß Sie sagen, was Sie vermuten, schlußfolgern, glauben oder erwarten.

„Ich glaube, daß das sehr wichtig ist."
„Es erscheint mir als machbare Lösung."
„Ich denke, das wird Dir Spaß bereiten."
„Ich nehme an, daß ich pünktlich ankomme."

Es ist wichtig Ihre Gedanken klar mitzuteilen, da das Denken ein permanenter Prozeß ist. Sie sind ständig dabei, Ideen zu entwickeln, zu ändern oder zu verwerfen. Wenn Sie Ihre Gedanken offen mitteilen, kann Ihr Gesprächspartner feststellen, wo Sie gerade in Ihrem Denkprozeß sind. Mißverständnisse und Fehlinterpretationen werden somit vermieden.

Sich selbst verstehen

4. Gefühle äußern

Teilen Sie Ihre Gefühle offen und direkt mit. Gefühlsäußerungen verleihen Ihren Botschaften die „Würze". Meistens können Sie Ihre Gefühle direkt mitteilen, ohne die Formulierung „Ich fühle.." zu verwenden:

> „Ich bin richtig glücklich darüber, wie schön wir die Wohnung renoviert haben."
> „Ich werde mich sicherlich beruhigen, aber momentan bin ich noch sehr aufgeregt."
> „Ich bin erleichtert, das von Dir zu hören."
> „Ich ärgere mich über Deine Verspätung."

Achten Sie darauf, daß Sie nicht Gefühle mit Gedanken verwechseln. Die Redewendung „Ich habe das Gefühl..." drückt kein Gefühl aus, sondern einen Gedanken. Zum Beispiel: „Ich habe das Gefühl, daß wir gute Fortschritte erzielt haben."

In dem Satz „Ich bin froh, weil ich denke, daß wir gute Fortschritte erzielt haben." ist eine Gefühlsäußerung mit einem Gedanken verbunden.

Manchmal kann eine bildliche Sprache behilflich sein, ein Gefühl auszudrücken: „Mir liegt das wie ein Stein im Magen", „Ich fühle mich wie ein Fisch im Wasser", „Mir steht das Wasser bis zum Hals".

Gefühle werden auch häufig durch nonverbales Verhalten ausgedrückt: ein Geschenk, eine Umarmung, ein Kuß, lachen, weinen, Türe zuschlagen, schnauben usw. Nonverbale Gefühlsäußerungen können stark im Ausdruck, aber auch oft sehr unklar sein. Wenn Sie zusätzlich zu Ihrem emotionalen Verhalten Ihre Gefühle aussprechen, beugen Sie Mißverständnissen vor.

5. Absichten, Ziele und Wünsche mitteilen

Die Offenlegung Ihrer Wünsche und Ziele läßt andere wissen, was Sie gerne *sein*, *tun* oder *haben* möchten. Wenn Sie über Absichten, Ziele und Wünsche sprechen, verwenden Sie Formulierungen, wie: „Ich möchte...", „Ich möchte nicht...", „Ich beabsichtige...", „Meine Interessen sind...", usw.

    „Ich möchte gerecht sein." (sein)
    „Ich beabsichtige, mich bei einer anderen Firma zu bewerben." (tun)
    „Ich wünsche mir ein neues Mountainbike." (haben)

Wünsche für sich selbst, für andere und für die Beziehung

Drücken Sie klar aus, *was* Sie sich *für wen* wünschen. Beispiele:

Wünsche für sich selbst
    „Ich möchte mich ein wenig ausruhen."
    „Ich hätte gerne, daß Du mir kurz zuhörst."
    „Ich würde gerne heute abend zum Essen gehen."

Wünsche für andere - den Partner
    „Ich wünsche Dir, daß Du in Deiner Arbeit Anerkennung findest."
    „Ich wünsche Dir, daß Du den Preis gewinnst."
    „Ich wünsche Dir gute Besserung."

Wünsche für uns - die Beziehung
    „Ich möchte, daß wir uns wieder vertragen."
    „Ich wünsche mir, daß wir uns aufeinander verlassen können."
    „Ich wünsche mir, daß wir viel Spaß miteinander erleben."

Sich selbst verstehen

Wenn Sie Wünsche für Ihren Partner und für Ihre Beziehung klar zum Ausdruck bringen, wird der Zusammenhalt gestärkt und Egoismus überwunden.

Manche verwenden das Wort „brauchen", um einen Wunsch auszudrücken. „Ich brauche Dich..." „Brauchen" ist jedoch, ein tückisches Wort. Es beinhaltet eine gewisse Abhängigkeit und Dringlichkeit, wirkt manipulativ und kann Widerstand gegenüber Ihren Wünschen auslösen. Wenn Sie wirklich etwas brauchen, dann begründen Sie dies und erklären Sie, was passiert, wenn Sie es nicht bekommen. Vermeiden Sie es ansonsten, die Formulierung „Ich brauche..." im Sinne von „Ich möchte" zu verwenden.

Wenn Sie Ihre Wünsche mitteilen, laden Sie Ihren Partner damit ein, Ihnen dabei zu helfen, sie zu realisieren. Absichten, Ziele und Wünsche auszusprechen garantiert aber noch lange nicht, daß diese auch erfüllt werden. Man kann jedoch darüber verhandeln und die Wahrscheinlichkeit sinkt, daß Ihr Partner überrascht wird, wenn plötzlich versteckte und unausgesprochene Wünsche wie aus dem Nichts auftauchen.

6. Über Handlungen sprechen und entscheiden

Mitteilungen über Ihre Handlungen beschreiben, was Sie getan haben, im Augenblick tun und was Sie in Zukunft tun werden. Sie beziehen sich auf Ihr eigenes vergangenes, gegenwärtiges und zukünftiges Verhalten.

> „Gestern habe ich Dich angerufen, aber keine Antwort erhalten."
> „Ich war eben in Gedanken woanders, so daß ich nicht mitbekommen habe, was Du gesagt hast."
> „Ich glaube Dir."
> „Ich werde Dir bis um 15.00 Uhr Bescheid geben."

Manche fragen sich, ob diese Botschaften überhaupt notwendig sind. Das Verhalten und die Handlungen seien doch für jeden sichtbar. Dem ist aber nicht so. Betrachten Sie folgende Botschaft über Handlungen: „Ich war eben in Gedanken woanders, so daß ich nicht mitbekommen habe, was Du gesagt hast." Das einzig offensichtliche, was mein Gesprächspartner beobachten konnte, war, daß ich regungslos da saß und in die Luft starrte. Vielleicht wird mein Gesprächspartner den Grund meiner Unaufmerksamkeit erraten, vielleicht auch nicht. Das Mitteilen von Handlungen macht das Raten überflüssig.

Wenn Sie über Ihre Handlungen sprechen, zeigt dies auch Ihrem Gesprächspartner, daß Sie sich über Ihr Tun bewußt sind. Wenn ich zum Beispiel meinem Sohn sage: „Ich habe Dich gerade unterbrochen", so zeige ich ihm damit, daß mir die Auswirkungen meines Verhaltens nicht gleichgültig sind. Es ist eine Art zu sagen: "Du bist mir wichtig."

Wenn Sie über Ihre Handlungen sprechen, lassen Sie andere damit auch wissen, welche Bedeutung Ihr Verhalten hat:„Ich gähne, weil ich gestern erst um 2 Uhr ins Bett gekommen bin und nicht, weil mich die Unterhaltung mit Dir langweilt."

Bauen Sie Vertrauen auf, indem Sie über Handlungen sprechen

Wenn Sie darüber sprechen, was Sie zukünftig tun werden, zeigen Sie Ihrem Partner, daß er sich auf Sie verlassen kann. Achten Sie auf den Unterschied zwischen den Formulierungen: „Ich könnte...", „Ich würde gerne...", „Ich möchte..." (Gesprächsfertigkeit 5: Wünsche, Absichten mitteilen), und der verbindlichen und selbstverpflichtenden Aussage: „Ich werde..." (Gesprächsfertigkeit 6: Über Handlungen sprechen).

Senden Sie klare Botschaften

Andere über ein Thema oder Problem effektiv zu informieren gelingt Ihnen am besten, wenn Sie alle Gesprächsfertigkeiten anwenden, in beliebiger Reihenfolge oder Kombination. Damit senden Sie Botschaften vollständig und klar. Eine effektive Botschaft muß nicht notwendigerweise lang sein. Kombinieren Sie aber immer mindestens zwei oder mehr Informationsbereiche des Bewußtheitsrades miteinander, wenn Sie etwas sagen.

„Ich bin besorgt (Gefühl) über unsere Geldausgaben (Handlung). Ich habe gesehen, daß unser Konto auf dem niedrigsten Stand seit 2 Jahren ist (Sinnesdaten). Wenn wir nicht anfangen zu sparen (Handlung), könnten wir größere Schwierigkeiten bekommen (Gedanke)."

Bemerken Sie, wie jeder Teil der Botschaft neue Informationen enthält:

„Ich war mir nicht sicher, ob ich Dich besuchen wollte oder nicht (Wunsch). Deswegen habe ich Dir bis jetzt noch keine Rückmeldung gegeben (Handlung), obwohl Du die Einladung schon vor zwei Wochen ausgesprochen hast (Sinnesdaten). Ich dachte immer, daß Dich meine Absage verletzen könnte (Gedanke). Das machte mir Sorgen (Gefühl), denn ich möchte, daß wir weiterhin gute Freunde bleiben (Wunsch)."

Um noch klarere Botschaften zu senden, verwenden Sie knappe, mehrteilige Aussagen, die drei oder mehr Informationsbereiche des Bewußtheitsrades enthalten.

Sich selbst verstehen

Wenn Sie sich selbst verstehen wollen, müssen Sie sich zunächst alle Bereiche des Rades bewußt machen - nehmen Sie ernst, was Ihr Körper, Ihr Gefühl und Ihr Verstand Ihnen mitteilen. Sich selbst ernst nehmen hat nichts mit Egoismus und Egozentrik zu tun. Selbst-Bewußtsein ist das wichtigste Potential, das Sie für das Verstehen und Verständnis von Menschen und Beziehungen besitzen.

Wenn Ihnen alle Bereiche bewußt sind - Ihre Sinneswahrnehmungen, Gedanken, Gefühle, Wünsche und Handlungen - zeigen Sie Stärke ohne über andere dominieren zu wollen. Wenn Sie in hoher Übereinstimmung mit Ihrer Selbst-Bewußtheit handeln, entwickeln Sie Energie und Leistungsvermögen und stärken Ihr Wohlbefinden.

Liste aktueller Probleme

Datum: _____

Anleitung:

Nehmen Sie sich ein paar Minuten Zeit, entspannen Sie sich, und denken Sie darüber nach, was Sie in Ihrem Leben momentan erleben. Denken Sie nach über Ihre Aufgaben zuhause, bei der Arbeit und anderswo. Während Sie darüber nachdenken, notieren Sie stichwortartig die Themen, die Ihnen einfallen. Dies gibt Ihnen die Möglichkeit zu überprüfen, welche Themen für Sie zur Zeit wichtig sind. (Vielleicht möchten Sie auf Seite 7 nochmals die einzelnen Problemtypen: sachlich, persönlich und beziehungsbezogen nachlesen. Das könnte Ihnen helfen, Ihre persönlichen Themen zu identifizieren.)

Probleme: _____

_____

_____

_____

_____

_____

_____

_____

_____

Copyright © 1998 by ICP, Inc., Denver, Colorado, USA und inkom M. u. G. Drescher, Schweinfurt, Deutschland

Arbeitsblatt 39

Situationsanalyse - Erweitern Sie Ihre Bewußtheit

Anleitung:

Wählen Sie aus Ihrer Liste ein sachliches oder persönliches Thema aus (kein Beziehungsthema mit Ihrem Partner), über das Sie bereit sind, im Seminar zu sprechen. Teilen Sie das Thema Ihrem Partner mit. Tragen Sie das Thema in die Mitte des Bewußtheitsrades ein. Schreiben Sie dann in Stichworten Ihre Sinnesdaten, Gedanken, Gefühle, Wünsche und Handlungen in das entsprechende Segment.

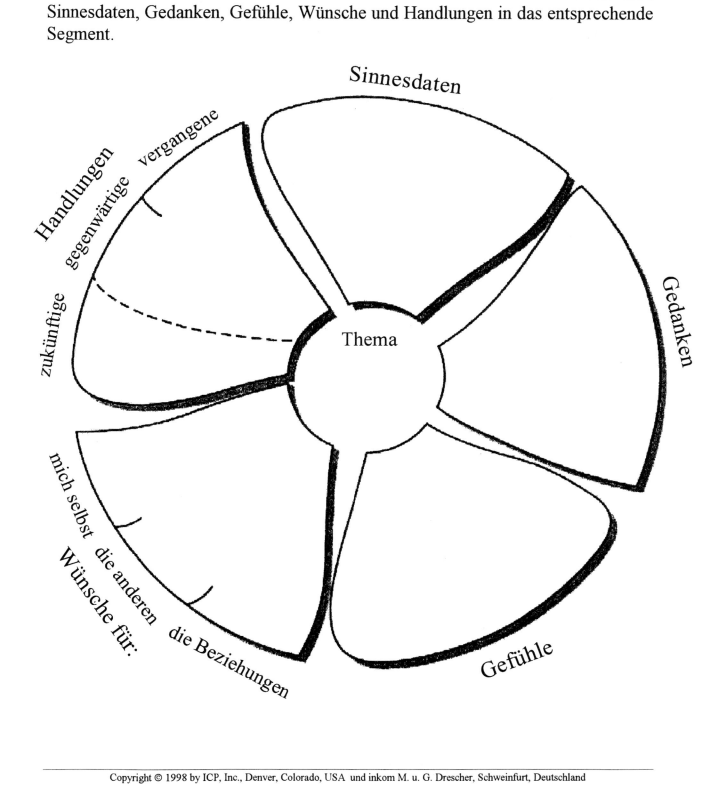

Copyright © 1998 by ICP, Inc., Denver, Colorado, USA und inkom M. u. G. Drescher, Schweinfurt, Deutschland

Wie Sie die Bewußtheitsrad-Matten anwenden:

Hintergrundinformation

Die Skill-Matten (erhältlich bei Ihrem Trainer oder direkt bei inkom) sind Hilfsmittel, die Sie dabei unterstützen, die Kommuni-kationsfertigkeiten (Skills) besser und schneller zu lernen. Die Bewußtheitsrad-Matte liefert ein praktisches Modell, wie Sie Ihre Bewußtheit über ein Thema vollständig erlangen und mitteilen können. Indem Sie sich nacheinander auf die einzelnen Felder stellen, erhalten Sie tiefere, eindeutigere und vollständigere Informationen über sich selbst.

Verwenden Sie die Bewußtheitsrad-Matte:

zur Situations-/Problemanalyse

- Vergangene Situationen/Probleme nachbereiten
- Gegenwärtige Situationen/Probleme überprüfen
- Zukünftige Situationen/Themen vorbereiten

für klare und unmißverständliche Botschaften

- Gespräche vorbereiten
- Informationen klar, direkt und eindeutig ausdrücken

zum Anleiten und zum Coachen

- Beobachtung
- Bewußtheit fördern
- Feedback geben

Mit der Bewußtheitsrad-Matte beobachten und coachen

Wie Sie beobachten:

- Konzentrieren Sie sich auf die Fertigkeiten (die einzelnen Bereiche des Bewußtheitsrades)

- Achten Sie auf:
    Exaktheit - die richtige Verwendung der Skills (Die Aussagen müssen mit den entsprechenden Feldern auf den Matten übereinstimmen)

- Registrieren Sie:
    Verhaltensmuster - welche Bereiche des Bewußtheitsrades in welcher Reihenfolge?
    Vollständigkeit - werden alle Bereiche des Bewußtheitsrades mitgeteilt?
    Nonverbale Hinweise - Auffälligkeiten bei Gestik, Mimik, Tonfall

- Verwenden Sie den Beobachtungsbogen (siehe nächste Seite), um sich Notizen zu machen (auffällige Worte, Sätze, Körpersprache) für ein späteres Feedback.

Wie Sie coachen:

- Fragen Sie zuerst immer die Person auf der Matte, ob sie angeleitet werden möchte oder nicht. Falls ja:
- Ermutigen Sie den Erzählenden sich auf das richtige Segment des Bewußtheitsrades zu stellen, falls sie auf dem falschen Bereich steht.
- Wenn Bereiche des Bewußtheitsrades ausgelassen worden sind, ermutigen Sie den Erzählenden, sich auch diese Informationen bewußt zu machen.
- Wenn es dem Erzählenden schwer fällt, sich sein Thema bewußt zu machen, so fragen Sie ihn, ob Sie in seine Rolle schlüpfen dürfen. Dann treten Sie kurz auf eine oder zwei Bereiche des Bewußtheitsrades und machen ein paar Vorschläge zu den möglichen Erfahrungen des Erzählenden. Achten Sie aber darauf, daß Sie ihm nicht Ihre Meinung oder Lösung aufzwingen.
- Geben Sie kurzes Feedback, indem Sie selbst die Gesprächsfertigkeiten anwenden. Erzwingen Sie keine Einsichten oder Äußerungen.

Copyright © 1998 by ICP, Inc., Denver, Colorado, USA und inkom M. u. G. Drescher, Schweinfurt, Deutschland

Beobachten und Coachen mit der Bewußtheitsrad-Matte:

Anleitung: Achten Sie darauf, daß die Aussagen klar und exakt sind und mit den jeweiligen Bereichen des Bewußtheitsrades übereinstimmen, auf denen der Erzählende gerade steht. Verwenden Sie die hier abgebildeten Bewußtheitsräder, um Worte oder kurze Sätze des Erzählenden zu notieren, die die richtige Anwendung der Gesprächsfertigkeiten belegen (für das spätere Feedback).

Person:_____

Andere Beobachtungen:

Person:_____

Andere Beobachtungen:

Copyright © 1998 by ICP, Inc., Denver, Colorado, USA und inkom M. u. G. Drescher, Schweinfurt, Deutschland

Aktionsplan

Die Gesprächsfertigkeiten

Anleitung: Hier finden Sie eine Liste der Gesprächsfertigkeiten. Führen Sie folgende Schritte aus:

1. Schritt: Ohne Ihren Partner zu befragen, markieren Sie mit einem „X" Ihre aktuellen Gewohnheiten.

Wenn Sie mit Ihrem Partner zusammen sind, wie häufig...

	selten					oft
1...sprechen Sie selbstverantwortlich (ICH-Form)?	1	2	3	4	5	6
2...teilen Sie Sinnesdaten mit?	1	2	3	4	5	6
3...teilen Sie Ihre Gedanken mit?	1	2	3	4	5	6
4...äußern Sie Ihre Gefühle?	1	2	3	4	5	6
5...sprechen Sie über Ihre Wünsche:						
für sich?	1	2	3	4	5	6
für den anderen?	1	2	3	4	5	6
für die Beziehung?	1	2	3	4	5	6
6)...teilen Sie Ihre Handlungen mit?	1	2	3	4	5	6

2. Schritt: Wählen Sie 1-2 Fertigkeiten aus, die Sie verbessern möchten.

    Skill:_____

    Skill:_____

3. Schritt: Vergleichen Sie Ihr Ergebnis mit dem Ihres Partners, und besprechen Sie, wann und wo Sie die Fertigkeiten üben möchten.

4. Schritt: Geben Sie positive Rückmeldung, wenn Sie feststellen, daß Ihr Partner diejenigen Gesprächsfertigkeiten anwendet, die er üben möchte. Sagen Sie ihm, wie die Botschaften für Sie dadurch klarer und verständlicher werden.

Copyright © 1998 by ICP, Inc., Denver, Colorado, USA und inkom M. u. G. Drescher, Schweinfurt, Deutschland

Situationsanalyse mit der Bewußtheitsrad-Matte

Wählen Sie einen Zeitpunkt und einen Ort aus, wo Sie für eine Weile ungestört sind und analysieren Sie ein Thema oder ein Problem aus Ihrer Liste (Seite 38) mit dem Bewußtheitsrad.

Nutzen Sie die Skill-Matte, um:
- eine vergangene Situation/Problem nachzubereiten
- eine gegenwärtige Situation/Problem zu überprüfen
- eine zukünftige Situation/Thema vorzubereiten

Anleitung:

1. Achten Sie darauf, daß die Matte nicht auf dem Boden verrutschen kann, wenn Sie sich darauf stellen. Stellen Sie sich so auf die Matte, daß Sie die Schrift lesen können, wenn Sie nach unten schauen.
2. Beginnen Sie, indem Sie sich auf das Feld „Thema" stellen, und machen Sie sich noch einmal kurz das Thema bewußt.
3. Stellen Sie sich nun auf das Segment, das zu dem paßt, was Ihnen als erstes zum Thema bewußt wird (z.B. Gedanken, Gefühle, Absichten, usw.). Machen Sie sich diesen Bereich vollständig bewußt.
4. Bewegen Sie sich nun im Uhrzeigersinn oder kreuz und quer auf der Matte, während Ihnen die einzelnen Informationen bewußt werden. Achten Sie darauf, daß Sie jeweils auf dem richtigen Feld stehen (z.B. daß Sie auf „Gefühle" stehen, wenn Ihnen Ihre Emotionen zu dem Thema bewußt werden, usw.)
5. Stellen Sie sich auf jedes vorhandene Segment, um sich die Informationen bewußt zu machen.
6. Fahren Sie in diesem Sinne fort, bis Ihre Bewußtheit über das Thema vollständig ist. (Manchmal werden Sie jedoch feststellen, daß es nicht nötig ist, sich auf das Feld „zukünftige Handlungen" zu stellen. Der Prozeß der Situationsanalyse bringt oft einfach ein besseres Verständnis der Situation mit sich, was manchmal schon die Lösung ist.)
7. Gehen Sie von der Matte herunter, und beenden Sie die Übung, wann immer Sie es möchten.

Die Gesprächsfertigkeiten - Verwenden Sie die Bewußtheitsrad-Matte mit Ihrem Partner

Vereinbaren Sie mit Ihrem Partner einen Termin, um mit ihm ein Thema oder ein Problem aus Ihrer Liste (Seite 38) zu besprechen. Nutzen Sie diesmal die Zeit dazu, die Gesprächsfertigkeiten zu üben, und nicht so sehr dazu, ein Beratungs- oder Problemlösungsgespräch zu führen.

Verwenden Sie die Bewußtheitsrad-Matte um:

- Informationen klar, direkt und präzise auszudrücken

Anleitung:

1. Achten Sie darauf, daß die Matte nicht auf dem Boden verrutschen kann, wenn Sie sich darauf stellen. Stellen Sie sich so auf die Matte, daß Sie die Schrift lesen können, wenn Sie nach unten schauen.
2. Bitten Sie Ihren Partner, lediglich zu beobachten und zu coachen, nicht jedoch Ratschläge bezüglich des Themas zu geben.
3. Stellen Sie sich auf das Feld „Thema", und teilen Sie das Thema mit. Geben Sie, wenn nötig, Hintergrundinformation zum Thema.
4. Stellen Sie sich dann auf das Feld, das zu dem paßt, was Ihnen gerade bewußt wird (z.B. Gefühle, Gedanken, Absichten, usw.), und teilen Sie es Ihrem Partner mit. Sprechen Sie selbstverantwortlich (in der Ich-Form).
5. Erzählen Sie weiter, während Sie sich von Segment zu Segment bewegen (im Uhrzeigersinn oder kreuz und quer auf der Matte), während Ihnen alle Informationen bewußt werden. Achten Sie darauf, daß Sie jeweils auf dem richtigen Feld stehen, aus dem Sie berichten. Falls Ihnen die Bedeutung eines Segmentes unklar ist, so lesen Sie die Beschreibung in Kapitel 1 nach.
6. Fahren Sie in diesem Sinne fort, bis Ihre Bewußtheit über das Thema vollständig ist. Auf das Feld „zukünftige Handlungen" zu gehen ist aber nicht in jedem Fall nötig. Sie können auch einfach Ihr Thema erklären anstatt darüber zu sprechen, was Sie als nächstes zur Lösung des Problems tun werden.
7. Gehen Sie von der Matte herunter, und beenden Sie die Übung, wann immer Sie es möchten.
8. Bedanken Sie sich bei Ihrem Partner für die Hilfestellung.

Klare und vollständige Botschaften senden

Anleitung: Verwenden Sie dieses Bewußtheitsrad, um ein Thema, über das Sie mit jemandem sprechen möchten, zu analysieren.

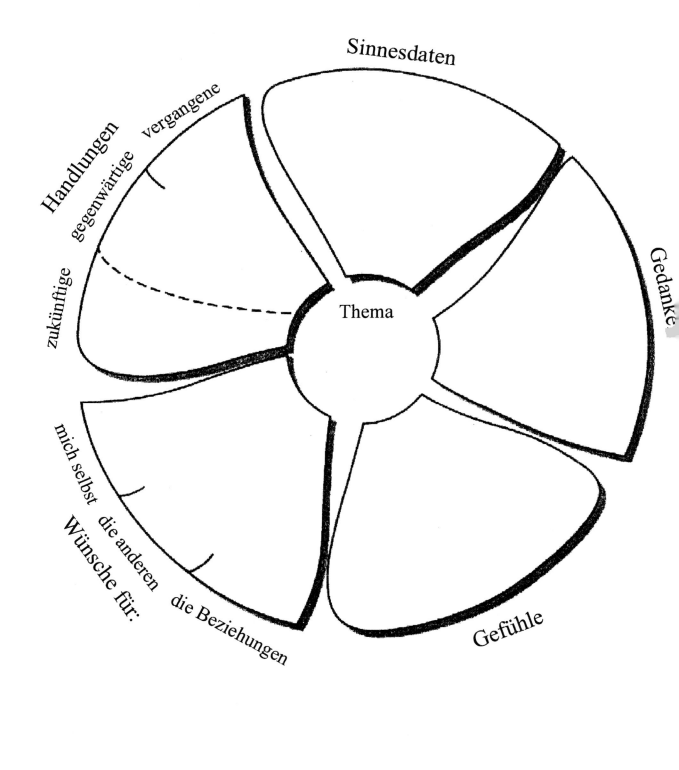

Quiz zu den Gesprächsfertigkeiten

Die folgenden fünfzehn Aussagen kombinieren die Gesprächsfertigkeit „Selbstverantwortlich sprechen" mit einem der fünf Segmente des Bewußtheitsrades. Finden Sie den entsprechenden Bereich heraus, und setzen Sie den richtigen Buchstaben dafür ein.

a = Sinnesdaten beschreiben
b = Gedanken mitteilen
c = Gefühle äußern
d = Wünsche äußern
e = Handlungen mitteilen

1. Ich würde mir gerne etwas mehr Zeit für mich nehmen. _____
2. Mich ärgert es, wenn Du zu spät kommst. _____
3. Ich glaube nicht, daß sie das ernstnimmt. _____
4. Mensch, war ich froh, endlich etwas von Dir zu hören! _____
5. Ich erwarte eigentlich, daß der Befund negativ ist. _____
6. Ich bin letzte Woche nicht zum Sport gegangen. _____
7. Ich stelle fest, daß Du die Stirn runzelst. _____
8. Ich glaube, das hast Du falsch verstanden. _____
9. Ich werde Marion morgen anrufen. _____
10. Es ist mir peinlich, daß ich vergessen habe, mich zu bedanken. _____
11. Ich wünschte, ich würde von ihr hören. _____
12. Ich rieche Dein Parfum. _____
13. Ich beabsichtige, der Sache auf den Grund zu gehen. _____
14. Ich lese gerade ein Buch. _____
15. Ich hörte Dich gestern sagen, Du hättest auch Lust, mitzugehen. _____

Lösung: 1d, 2c, 3b, 4c, 5b, 6e, 7a, 8b, 9e, 10c, 11d, 12a, 13b, 14e, 15a

Sich selbst ernst nehmen und Aufmerksamkeit schenken

Inwieweit haben Sie sich in letzter Zeit selbst ernst genommen und Aufmerksamkeit geschenkt in Bezug auf Ihren Körper, Ihre Gefühle, Ihre Beziehung zu Ihrem Partner und Ihre Wertvorstellungen?

Anleitung: Notieren Sie in der folgenden Matrix, was Sie für die einzelnen Bereiche getan haben (konkrete Handlungen).

	Ernst genommen, Aufmerksamkeit geschenkt	Nicht ernst genommen, keine Aufmerksamkeit geschenkt
Körper		
Gefühle		
Beziehung		
Wertvorstellungen		

Überprüfen Sie nun Ihren Aktionsplan zu den Gesprächsfertigkeiten (S. 43) und Ihre Lernziele (Seite 12): Wie sind Ihre Fortschritte und wie wirken sie sich aus auf Ihr Verständnis für Sie selbst?

Den Partner verstehen

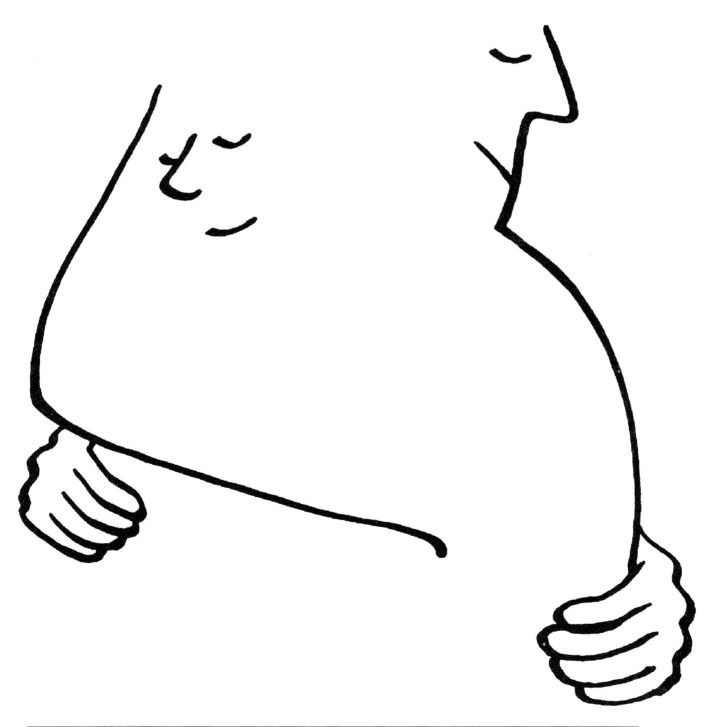

2

Den Partner verstehen

Besseres Verständnis durch richtiges Zuhören

Im ersten Kapitel haben Sie gelernt, wie Sie mit Hilfe des Bewußtheitsrades sich selbst besser verstehen können und wie Sie die sechs Gesprächsfertigkeiten anwenden, um anderen Ihre Bewußtheit über sich selbst mitzuteilen. Das Bewußtheitsrad ist ebenfalls hilfreich, um Ihren Partner besser zu verstehen. In diesem Kapitel, stellen wir Ihnen fünf Zuhörfertigkeiten vor, mit denen Sie ein besseres Verständnis für Ihren Partner erreichen - sowohl auf der Sachebene als auch auf der Gefühlsebene.

Wenn Sie die Zuhörfertigkeiten anwenden, demonstrieren Sie dem anderen gegenüber eine positive Wertschätzung. Und wenn Sie und Ihr Partner beide die Gesprächs- und Zuhörfertigkeiten anwenden, werden Sie feststellen, daß Ihr Informationsaustausch klarer wird und weniger Mißverständnisse entstehen.

Die meisten von uns haben Gewohnheiten, die uns davon abhalten, sich ganz auf den anderen zu konzentrieren, besonders, wenn ein Thema schwierig oder kompliziert ist. Wir sind häufig nur mit halbem Ohr dabei, weil wir uns bereits im Geiste unsere nächste Argumentation zurechtlegen. Andere Male sind wir vorwiegend damit beschäftigt, die Äußerungen unseres Gesprächspartners zu bewerten, während wir zuhören. Wir urteilen darüber, was richtig oder falsch, gut oder schlecht ist, ob wir dem anderen zustimmen oder widersprechen sollen. Wir vergleichen unseren Standpunkt mit dem des anderen. Unser Verhalten ist eher dominierend als aufmerksam und es kann uns leicht passieren, daß wir den anderen unterbrechen - sei es durch Fragen oder durch Kommentare. Wenn wir in dieser Weise zuhören, stellen wir uns selbst ins Zentrum der Aufmerksamkeit und konzentrieren uns mehr auf die eigene Person als auf den anderen.

Der Schlüssel zum richtigen Zuhören ist „Folgen"!

Als guter Zuhörer stellen Sie die eigenen Interessen kurzzeitig zurück und ermutigen Ihren Gesprächspartner das Gespräch zu führen, d.h. sein Thema spontan und ohne Beeinflussung vollständig zu erläutern. *Ihr Ziel ist es, zu verstehen, ohne zustimmen oder widersprechen zu müssen, ohne Schuld zuzuweisen oder sich zu rechtfertigen, und ohne sofort aktiv zu werden, indem Sie eine Lösung parat haben.*

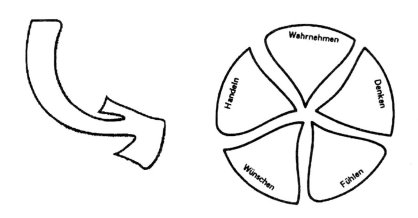

Die Zuhörfertigkeiten

Die folgenden fünf Zuhörfertigkeiten helfen Ihnen, Ihren Partner besser zu verstehen:

1. Aufmerksamkeit zeigen

2. Botschaften bestätigen

3. Um mehr Informationen bitten

4. Zusammenfassen

5. Gezielt fragen und klären

Im folgenden werden die einzelnen Zuhörfertigkeiten beschrieben.

Den Partner verstehen

1. Aufmerksamkeit zeigen: beobachten, hören und folgen

Wenn Sie *Aufmerksamkeit zeigen*, konzentrieren Sie sich voll und ganz auf Ihren Gesprächspartner und wenden sich ihm körperlich und geistig zu. Beenden Sie andere Tätigkeiten, die Sie ablenken könnten. Falls Ihr Partner gerade sitzt, setzen Sie sich auch. Falls Ihr Partner steht, stellen Sie sich ihm gegenüber. Wenden Sie sich ihm zu, und stellen Sie Blickkontakt her. Lassen Sie Ihren Gesprächspartner das Tempo bestimmen. Stellen Sie Ihre Interessen kurzzeitig zurück während Sie zuhören und überlassen Sie ihm die Führung. Sie signalisieren dadurch positive Wertschätzung, und zeigen Interesse und Aufnahmebereitschaft.

Versuchen Sie, während Sie zuhören, soviel Information wie möglich aufzunehmen. Die von Ihnen wahrgenommenen verbalen Botschaften und körpersprachlichen Signale bilden die Grundlage für Ihre eigene Einschätzung des Themas sowie für das Verstehen Ihres Partners. Versuchen Sie zu beobachten, zuzuhören und zu folgen, während Ihr Partner spricht.

Beobachten, hören und folgen

Beobachten Sie die Körpersprache. Beobachten Sie Mimik und Gestik ebenso wie Körperhaltung und Atmung. Wenn Sie Ihre Wahrnehmung schulen, sind Sie in der Lage, noch mehr körpersprachliche Signale aufzufangen wie z.B. kleinste Bewegungen der Hände, Muskeln und Mimik oder den Atemrhythmus. Achten Sie auf Nähe und Distanz - den Abstand zwischen Ihnen. Achten Sie ebenfalls auf die Umgebung - wo Sie sich befinden.

Hören Sie auf den Tonfall. Registrieren Sie Unterschiede im Tonfall und Klang, sowie die Tonhöhe und Sprechgeschwindigkeit. Beachten Sie die Lautstärke, die Atmosphäre des Gesprächs, und mögliche Spannungen. Achten Sie darauf, welche Redewendungen, Wortbilder oder Metaphern Ihr Gesprächspartner verwendet.

Folgen Sie den Segmenten des Bewußtheitsrades, aus denen Ihr Partner berichtet. Achten Sie darauf, ob Ihr Gesprächspartner Ihnen mitteilt, was er gesehen oder gehört hat (Sinnesdaten), wie er etwas deutet (Gedanke), wie ihm innerlich zumute ist (Gefühl), welche Absichten er äußert (Wunsch), oder was er gerade tut, getan hat oder tun wird (Handlungen). Sämtliche Informationen fügen sich wie ein Puzzle zusammen und helfen Ihnen, Ihren Gesprächspartner zu verstehen. Achten Sie auch auf auffällige Wechsel von einem Segment des Bewußtheitsrades ins andere.

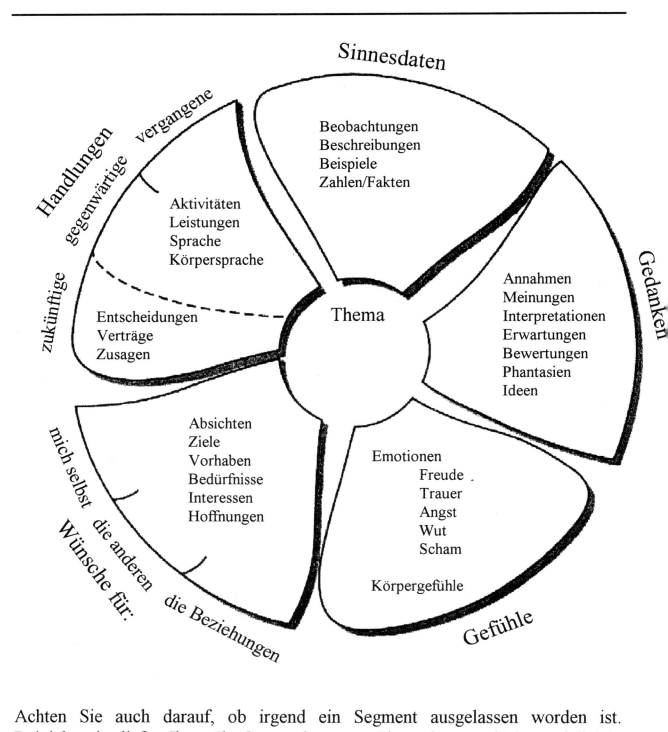

Achten Sie auch darauf, ob irgend ein Segment ausgelassen worden ist. Beipielsweise liefert Ihnen Ihr Gesprächspartner Sinnesdaten und Ideen, vielleicht auch einen Vorschlag für eine zukünftige Handlung, aber er verschweigt persönliche Gefühle oder Wünsche. Registrieren Sie auch, was nicht ausgesprochen wurde.

Achten Sie darauf, ob das gesprochene Wort mit körpersprachlichen Signalen übereinstimmt oder nicht. Es verwirrt, wenn die Worte nicht mit der Körperhaltung, der Mimik oder dem Tonfall im Einklang sind. Zum Beispiel sagt Ihr Gesprächspartner, es ginge ihm gut, aber ein Seufzer und sein Gesichtsausdruck vermitteln einen anderen Eindruck.

Den Partner verstehen

Um ein guter Zuhörer zu sein, ist es wichtig seine Aufmerksamkeit voll und ganz dem Gesprächspartner zu schenken. Registrieren Sie seine Worte und Handlungen, ohne dabei schon in Ihren Gedanken eine Erwiderung vorzubereiten. Während Sie beobachten, zuhören und folgen, erhalten Sie permanent neue Sinnesdaten über Ihren Gesprächspartner. Diese Informationen sind die Grundlage dafür, daß Ihre Antworten so ausfallen, daß sich ein gutes Verständnis zwischen Ihnen und Ihrem Partner entwickelt.

2. Botschaften bestätigen

Wenn Sie die Botschaften des anderen bestätigen, zeigen Sie verbal und nonverbal, daß Sie ganz Ohr sind und dem anderen die Führung überlassen und Sie ihm folgen. Sie zeigen damit Respekt und Interesse an dem, was der andere sagt und erkennen es als seine persönliche Meinung an, auch wenn Sie nicht völlig damit übereinstimmen.

Botschaften bestätigen reicht von einem kurzen Kopfnicken oder einem „aha", „so", usw, bis hin zu kurzen, interpretierenden Bemerkungen, die möglichst treffend widergeben, was der Gesprächspartner gemeint haben könnte, aber nicht ausdrücklich gesagt hat. Einige Beipiele:

> „Das hört sich an, als sei es wichtig für Dich."
> „Es kommt mir so vor, als ob Du Dir große Sorgen machst."
> „Der Gedanke scheint wirklich aufregend für Dich zu sein."
> „Das klingt so, als ob Du nicht wirklich dort hingehen willst."

Wenn Sie die richtige Rückmeldung gegeben haben, lösen Sie damit meist eine starke Wirkung aus. Die Reaktionen Ihres Gesprächspartners zeigen Ihnen, ob Sie mit Ihrer Bemerkung den Nagel auf den Kopf getroffen haben. Falls ja, haben Sie Ihrem Partner durch Ihr Verhalten Verständnis, Akzeptanz, und Einfühlungsvermögen gezeigt.

Nehmen Sie die Stimmung des Partners auf, und stellen Sie sich darauf ein.

Beim Zuhören findet man die wichtigsten Informationen dort, wo der Gesprächspartner und nicht man selbst die meiste Energie spürt. Wenn Sie *Botschaften bestätigen,* begeben Sie sich in den Energiebereich des anderen. Begleiten Sie Ihren Gesprächspartner in seine Erlebniswelt und in sein Bewußtheitsrad. Wenn beispielsweise Ihr Gesprächspartner eine Idee erläutert, bestätigen Sie diese Idee. Falls er von einer Handlung oder Sinneswahrnehmung berichtet, bestätigen Sie diese.

Bestätigen Sie auch unausgesprochene Botschaften, besonders die aus den unteren Segmenten des Bewußheitsrades

Die meisten Gespräche konzentrieren sich auf Sinnesdaten, Gedanken und Handlungen - die oberen Bereiche des Bewußtheitsrades. Die machtvollen Bereiche unterhalb der Linie - die Gefühle und die Wünsche - bleiben häufig unausgesprochen und unbestätigt. Sorgen Sie dafür, daß dies nicht geschieht.

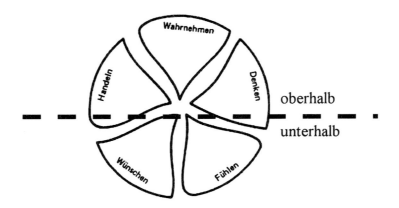

Viele Menschen glauben irrtümlicherweise, daß die oberen Bereiche rational und verständlich sind, während die unteren Bereiche irrational und unkontrollierbar sind. In Wirklichkeit sind die Gedanken häufig irrational, und die Gefühle logisch und nachvollziehbar. Gefühle sind logisch in dem Sinne, daß sie das reflektieren, was in den übrigen Bereichen des Bewußtheitsrades gerade abläuft. Es ist jedoch richtig, daß Wünsche manchmal ziemlich irrational sein können.

Kein noch so gut geführtes rationales Gespräch oberhalb der Linie kann schwelende Gefühle oder Wünsche unterhalb der Linie befriedigen. Erst wenn die unausgesprochenen Gefühle und Wünsche ausgesprochen sind, löst sich die Spannung und diese wichtigen Informationen werden thematisiert.

Gelegentlich werden Sie erleben, daß Ihr Gesprächspartner über ein Thema redet, jedoch nicht alle Segmente des Bewußtheitsrades mitteilt. Es ist möglich, daß ihm nicht alle Bereiche bewußt sind oder daß er zögert, sie mitzuteilen. Sprechen Sie diese fehlenden Informationen an, auf der Basis dessen, was Sie wahrgenommen haben.

Zum Beispiel sagen Sie vielleicht zu Ihrem Partner: „Ich habe den Eindruck, daß Du Dich darüber sehr aufregst". Damit interpretieren Sie ihn. Sie werden aus seiner Reaktion erkennen, ob Ihre Rückmeldung richtig oder falsch ist.

Achten Sie auf Ihre Absichten

Falls Sie mit Ihren Bestätigungen beabsichtigen, Ihren Gesprächspartner unterschwellig dazu zu überreden, mit Ihrer Sichtweise übereinzustimmen, so sprechen Sie überverantwortlich statt selbstverantwortlich und versuchen, ihm Worte in den Mund zu legen. Solche manipulativen Versuche zahlen sich nicht aus. Es wird kein wirkliches Verständnis zwischen Ihnen und Ihrem Gesprächspartner entstehen, da Sie keine wirkliche positive Wertschätzung zeigen. Ihr Gesprächspartner wird verbal oder nonverbal Ihren Äußerungen Widerstand leisten. Ihre Interpretation ist eher schädlich als hilfreich.

Wenn Sie die Botschaften Ihres Partners bestätigen, bauen Sie Brücken der Verständigung. Sie zeigen Ihr Interesse an ihm und unterstreichen dabei sein Recht, das mitzuteilen, was er gerade erlebt. Sie gehen „mit" dem Partner, anstatt durch Blockieren, Ablenken oder Dagegenhalten „gegen" ihn zu gehen. Oft genügt das Bestätigen der Botschaften des Gesprächspartners, um Verständnis füreinander zu erreichen.

3. Um mehr Informationen bitten

Mit dieser Zuhörfertigkeit ermutigen Sie Ihren Gesprächspartner mit kurzen Einwürfen, mehr zu erzählen. *Um mehr Informationen bitten* geht noch einen Schritt weiter als *Botschaften bestätigen*. Die folgenden Beispiele zeigen Ihnen, wie Sie um mehr Informationen bitten können:

„Erzähle mir mehr darüber."
„Rede ruhig weiter."
„Ich würde gerne mehr darüber hören."
„Was gibt es sonst darüber zu berichten?"
„Gibt es noch etwas, was Du mir darüber berichten willst?"
„Mich interessiert alles, was Du mir darüber erzählen willst."

Beachten Sie, daß Ihre Bitte um mehr Informationen die Form einer Aufforderung, einer Frage oder einer Aussage annehmen kann. In jedem Fall ermutigen Sie damit Ihren Gesprächspartner, alles das zu erzählen, was er möchte.

Bitten Sie um mehr Informationen nach einer Sprechpause.
Wenn Menschen von einem Erlebnis erzählen, machen sie häufig Sprechpausen und warten auf eine Bestätigung von ihrem Gesprächspartner. Sie prüfen so unbewußt nach, ob es erwünscht ist, daß sie weiterreden. Sie erzählen erst von ihren wahren Gefühlen, Gedanken oder Wünschen, wenn sie den sicheren Eindruck haben, daß es den Zuhörer auch wirklich interessiert. Viele Zuhörer interpretieren aber diese Sprechpausen falsch als Aufforderung, das Gespräch selbst zu übernehmen z.B. durch Fragen oder Ratschläge. Tun Sie das nicht. Bitten Sie stattdessen Ihren Gesprächspartner, mehr über sein Thema zu erzählen und er wird Ihnen mehr wichtige und nützliche Informationen liefern. Sie können damit ein besseres Verständnis für Ihren Partners erreichen.

Bitten Sie das erste Mal um mehr Informationen:
„Erzähle mir mehr darüber."

Den Partner verstehen

Bitten Sie noch weitere Male (zwei-, dreimal) um mehr Informationen:
„Gibt es noch etwas, was Du mir erzählen willst?"
„Gibt es noch etwas Wichtiges?"

Eine solche Einladung, weiterzusprechen ist sehr wirkungsvoll. Sie signalisiert: „Das, was Du mir sagst, ist mir wichtig. Ich nehme mir die Zeit, Dir zuzuhören. Sprich ruhig weiter."

Häufig passiert es bei der dritten oder vierten Aufforderung weiterzusprechen, daß Ihr Gesprächspartner sagt, „Ich weiß nicht, ob es was mit der Situation zu tun hat, aber ..." Was hierauf folgt, ist häufig Gold wert! Durch Ihr Interesse, das Sie signalisiert haben, hat Ihr Gesprächspartner jetzt das nötige Vertrauen und den Mut Ihnen zu sagen, was ihn wirklich beschäftigt. An dieser Stelle kommt Ihr Partner oft zum Kern der Sache.

Bitten Sie wiederholt um mehr Informationen, bis Ihr Gesprächspartner etwas sagt wie „Ich denke, es gibt jetzt dazu nichts weiter zu sagen" und er tatsächlich nichts mehr hinzuzufügen hat (Achten Sie dabei auch auf nonverbale Hinweise, die dieses auch bestätigen.). Sie werden dann feststellen, daß Sie die Geschichte vollständig erzählt bekommen haben.

Bitten Sie um mehr Informationen, anstatt zu steuern und zu beeinflussen.
Bitten Sie insbesondere dann um mehr Informationen, wenn Sie in Versuchung sind, das Gespräch selbst zu übernehmen. Sie werden überrascht sein, welche wichtigen Informationen Sie noch erhalten, die Sie sonst vielleicht nie erfahren hätten.

4. Zusammenfassen

Eine Zusammenfassung hilft Ihnen festzustellen, ob Sie alles richtig verstanden haben. Sie können beide dadurch nachprüfen, ob Sie die Botschaft im gleichen Sinne verstehen. Vermeiden Sie die Floskel: „Ich verstehe, was Du meinst" (was manchmal nicht stimmt und auch überheblich klingen könnte), und *demonstrieren* Sie lieber, daß Sie verstanden haben, indem Sie das Gehörte kurz zusammenfassen.

Kennen Sie Situationen, wo Sie und Ihr Partner etwas vereinbart haben, um dann später festzustellen, daß Sie beide etwas ganz anderes gemeint haben? Oder haben Sie schon einmal bei einem schwierigen Gespräch erlebt, daß Sie beide aneinander vorbeigeredet haben? In beiden Fällen waren Sie das Opfer von falsch verstandenen Botschaften.

Viele Mißverständnisse entstehen nicht aus Mangel an Intelligenz oder gutem Willen. Die menschliche Kommunikation ist ein sehr komplexer Prozeß, und es gibt viele Faktoren, die zu Mißverständnissen beitragen können. Sie sagen beispielsweise etwas, und Ihr Gesprächspartner schmückt innerlich die Botschaft ein wenig aus, er macht mehr aus der Information, als Sie gemeint oder beabsichtigt haben. Und Sie machen möglicherweise das Gleiche mit den Botschaften Ihres Gesprächspartners.

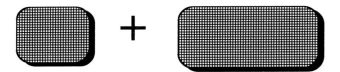

Auch das Gegenteil kann der Fall sein: Sie sagen etwas, und Ihr Gesprächspartner reduziert Ihre Botschaft. Er versteht die Botschaft dadurch anders, als Sie es gemeint oder beabsichtigt haben. Auch Ihnen kann das natürlich mit den Botschaften Ihres Gesprächspartners passieren.

Wenn Sie exakt das Gleiche verstehen, was Ihr Partner Ihnen berichtet hat, dann haben Sie ein gemeinsames Verständnis der Botschaft. Eine *übereinstimmende Botschaft* ist vorhanden, wenn bei Ihnen die gleiche Botschaft ankommt, die gesendet wurde. Das *Zusammenfassen* des Gehörten unterstützt Sie dabei.

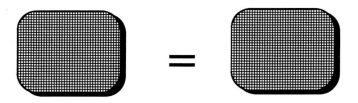

Den Partner verstehen 61

Wie Sie richtig zusammenfassen:
- Wiederholen Sie mit Ihren eigenen Worten, was bei Ihnen angekommen ist. (Fügen Sie weder etwas hinzu, noch lassen Sie etwas aus.)
- Bitten Sie Ihren Partner, Ihnen zu bestätigen, inwieweit Ihre Zusammenfassung richtig war und bitten Sie ihn gegebenenfalls um Korrektur.

Es ist hilfreich, Ihre Zusammenfassung mit der Ankündigung einzuleiten, daß Sie zusammenfassen möchten, wie z.B. „Ich möchte kurz zusammenfassen, was Du gerade gesagt hast, um sicher zu sein, daß ich auch alles richtig verstanden habe." Sie reden dann weiter, wie z.B. „Du sagtest, daß Du verärgert bist über .... Habe ich das richtig verstanden?"

Wenn Ihre Zusammenfassung richtig war, werden Sie eine positive Bestätigung, wie Kopfnicken, ein Lächeln, usw. bei Ihrem Gesprächspartner beobachten können. Dieses stärkt Ihre Beziehung.

Falls Ihre Zusammenfassung nicht ganz richtig war, so bitten Sie um Klärung. Fassen Sie dann noch einmal zusammen, diesmal mit der richtigen Information. Wiederholen Sie dies solange, bis Sie und Ihr Gesprächspartner mit der Übereinstimmung der gesendeten und empfangenen Botschaft zufrieden sind.

Ihre Zusammenfassung sollte so viele Segmente des Bewußtheitsrades einschließen, wie Ihr Partner mitgeteilt hat.

Obwohl hier gerade der Zuhörer als Initiator der Zusammenfassung beschrieben wurde, kann der Sprecher ebenfalls um eine Zusammenfassung bitten. Er kann z.B. sagen: „Es ist mir sehr wichtig, daß Du mich in dieser Angelegenheit richtig verstehst. Könntest Du bitte kurz zusammenfassen, was bei Dir angekommen ist?"

5. Gezielt fragen und klären

Beim Zuhören werden Sie feststellen, daß Ihr Partner ganz unwillkürlich Informationen aus verschiedenen Segmenten seines Bewußtheitsrades vermittelt. Aber, obwohl Sie aufmerksam zugehört, die Botschaften bestätigt, um mehr Informationen gebeten, und zusammengefaßt haben, werden Sie vielleicht noch zusätzliche, spezielle Informationen erhalten wollen.

Verwenden Sie offene Fragen, um fehlende Informationen einzuholen.
Nehmen Sie das Bewußtheitsrad zu Hilfe und verwenden Sie offene Fragen, um mehr Informationen zu sammeln. Offene Fragen beginnen meist mit den Fragewörtern „Wer", „Was", „Wo", „Wann", und „Wie".

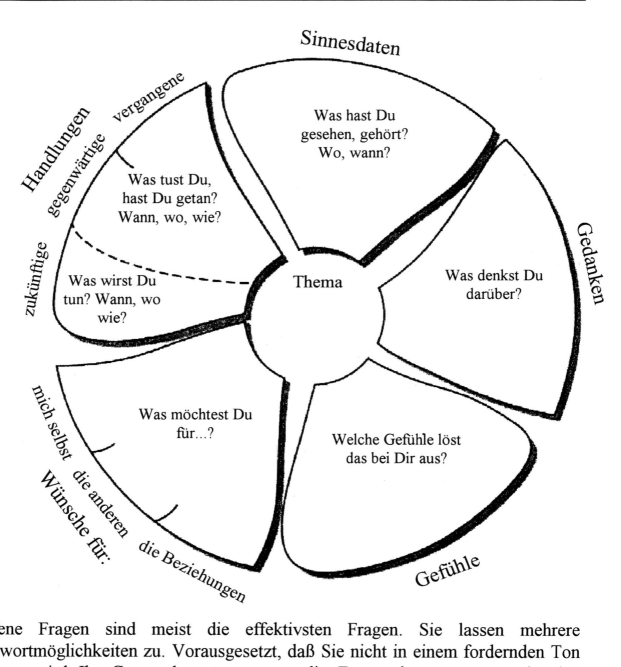

Offene Fragen sind meist die effektivsten Fragen. Sie lassen mehrere Antwortmöglichkeiten zu. Vorausgesetzt, daß Sie nicht in einem fordernden Ton fragen, wird Ihr Gesprächspartner gerne die Fragen beantworten und seine Erlebnisse in seinen eigenen Worten beschreiben.

Im Vergleich dazu engen geschlossene oder direktive Fragen die Antwortmöglichkeiten ein oder lenken sie in eine bestimmte Richtung. Zum Beispiel:

„Bist Du wütend oder traurig?" (Alternativ-Frage)
„Wirst Du das jetzt tun?" (Diese Frage läßt nur ein „Ja" oder „Nein" zu.)

Stellen Sie offene Fragen, um unklare/verwirrende Sinnesdaten zu klären
Auch, wenn Sie meinen, Ihren Partner gut genug zu kennen, um bestimmte körpersprachliche Zeichen zu deuten - ein Stirnrunzeln, ein Schulterzucken, ein

Den Partner verstehen

bestimmter Gesichtsausdruck - kann es dennoch sehr riskant sein, sich auf diese Deutungen zu verlassen. Wenn Sie sich nicht sicher sind, was ein bestimmtes körpersprachliches Signal zu bedeuten hat, fragen Sie nach - mit Hilfe einer offenen Frage.

Ein Beispiel:

> „Ich sehe, daß Du die Stirn runzelst (Sinnesdaten). Was ist los? (Offene Frage)"

Überprüfen Sie die Richtigkeit Ihrer Rückmeldungen
Falls Sie sich unsicher sind, ob Ihre Bestätigung oder Interpretation der Botschaften Ihres Gesprächspartners richtig ist, stellen Sie dazu eine offene Frage:

> „Du hörst Dich sehr wütend an (Botschaft bestätigen). Worüber denkst Du gerade nach? (Offene Frage)"

Stellen Sie offene Fragen, um widersprüchliche, indirekte oder vermischte Botschaften zu klären
Wann immer Sie feststellen, daß das Gesagte nicht mit dem übereinstimmt, was Sie sonst wahrnehmen, teilen Sie die Unstimmigkeit mit. Stellen Sie eine offene Frage dazu:

> „Du sagst gerade, daß Du gerne am Freitag mit mir Tennis spielen möchtest (Sinnesdaten), aber Du schaust, als ob Du dazu gar keine Lust hast (Interpretation). Was willst Du denn wirklich? (offene Frage)"

Vermeiden Sie „Warum"- Fragen

Überlegen Sie mal einen Moment lang, wann Ihnen das letze Mal jemand eine „Warum"- Frage gestellt hat. Zum Beispiel: „Warum hast Du das getan?" oder „Warum denkst Du so?" Können Sie sich erinnern, wie Sie sich dabei unter Druck gesetzt gefühlt haben? Dies ist eine typische Reaktion auf „Warum"- Fragen.

„Warum"-Fragen sind häufig verdeckte Botschaften. Der Ton, in der die Frage gestellt wird, ist häufig negativ. „Warum"- Fragen wirken oft anklagend, herausfordernd, provozieren Rechtfertigungen und eine Verteidigungshaltung. Sie lösen Widerstand aus. Außerdem ist es meist schwierig eine befriedigende Antwort auf eine „Warum"-Frage zu geben, weil die Absicht dieser Frage häufig die ist, den Partner zu überreden, anstatt Informationen zu sammeln.

Beispiel:

„Warum"- Frage	Versteckte Botschaft
„Warum machst Du es nicht so, wie ich es vorgeschlagen habe?"	„Ich möchte, daß Du es so machst, wie ich es mir vorstelle."

Wenn Sie wirklich eine Botschaft mitteilen wollen, so tun Sie es selbstverantwortlich und verwenden Sie dabei Ihr Bewußtheitsrad.

Vorteile von „Fragen stellen"

Die Verwendung von offenen Fragen kann sehr wirksam sein, um Kontakt mit Ihrem Gesprächspartner herzustellen. Durch Fragen können Sie manchmal verdeckte Gefühle oder Wünsche aufspüren, die der andere nicht direkt mitteilt. Es kann auch helfen, unbewußte Bereiche bewußt zu machen. Die Verwendung von offenen Fragen kann das gegenseitige Verständnis fördern.

Fragen sind außerdem hilfreich, um ein Gespräch bei solchen Menschen zu strukturieren und auf den Punkt zu bringen, die zu wenig oder zu viel reden.

Nachteile von „Fragen stellen"

Manche Menschen glauben fälschlicherweise, daß gutes Zuhören hauptsächlich aus „Fragen stellen" besteht. Um ihr Interesse an dem anderen zu demonstrieren, stellen sie möglichst viele Fragen. Fragen, sogar offene Fragen, können jedoch effektives Zuhören aus folgenden Gründen behindern:

- Die Steuerung des Gesprächs wird leicht vom Erzählenden auf den Zuhörer übertragen. Der Zuhörer beginnt, durch seine Fragen das Gespräch zu dominieren.
- Der spontane Redefluß des Erzählenden wird unterbrochen. Sobald eine Frage gestellt wird, muß der Erzählende seine Geschichte unterbrechen, um über die Frage nachzudenken. Dadurch kann er weggeführt oder abgelenkt werden von dem, was er eigentlich sagen wollte.

Wenn man ihnen die Gelegenheit gibt, erzählen die meisten Menschen ihre Geschichte am besten ohne viele Fragen.

> Richtiges Zuhören bedeutet, daß Sie die Informationen vollständig erhalten - bereits beim *ersten* Mal.

Die Zuhörfertigkeiten insgesamt

Alle fünf Fertigkeiten können einzeln und in beliebiger Reihenfolge verwendet werden. Die Effektivität des Zuhörens wird jedoch gesteigert, wenn man sich an eine bestimmte Vorgehensweise hält. Diese Vorgehensweise ist besonders in Streßsituationen hilfreich, oder auch bei komplexen Themen.
Das Ziel des effektiven Zuhörens ist es, Ihrem Partner zu ermöglichen, sein Thema so spontan und vollständig wie möglich zu erzählen. Die Zuhörfertigkeiten helfen Ihnen das Ziel zu erreichen.

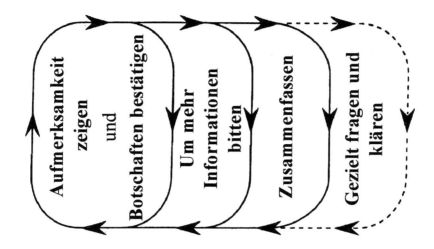

Beachten Sie, daß die Fertigkeiten: *Aufmerksamkeit zeigen*, *Botschaften bestätigen*, *Um mehr Informationen bitten*, und *Zusammenfassen* von durchgezogene Linien umrahmt werden. Die wiederholte Anwendung dieser Skills, unabhängig von der Reihenfolge, gibt Ihrem Partner Gelegenheit und ermutigt ihn, spontan und so vollständig wie es ihm möglich ist, über sein Thema zu sprechen, mit der größten Genauigkeit und der geringsten Beeinflussung durch Sie.

Gezielt fragen und klären steht an letzter Position der Zuhörfertigkeiten und ist mit gestrichelten Linien umrahmt. Dies soll Sie daran erinnern, daß Fragen immer erst gegen Ende des Gesprächs gestellt werden sollten, wenn Ihr Partner bereits alles erzählt hat und nichts mehr hinzuzufügen hat. Sie dienen dazu, noch fehlende Informationen einzuholen und Unklarheiten zu beseitigen.

Warum es Paaren oft schwerfällt, sich gegenseitig zuzuhören

Als Zuhörer, haben Sie viel Einfluß darauf, ob Ihr Partner behindert oder gefördert wird, ein Thema vollständig zu erzählen. Es gibt einige Gründe, warum es Ihnen manchmal schwerfällt, ihren Partner im Gespräch „führen" zu lassen:

- Zeitdruck
- Die Sorge, Ihr eigener Standpunkt könnte übersehen werden, wenn Sie sich zunächst ganz auf den anderen konzentrieren
- Die Sorge, das Zeigen von Verständnis könnte verwechselt werden mit Zustimmung
- Die Sorge, es könnten Informationen aufgedeckt werden, mit denen Sie nicht umgehen können
- Die Vorstellung, daß Sie möglicherweise Ihre Meinung oder Ihr Verhalten ändern müssen
- die Angst, Sie könnten die Kontrolle über ihren Partner oder die Situation verlieren, wenn Sie ihm wirklich richtig zuhören.

Die Vorteile des aufmerksamen Zuhörens

Wenn Paare darauf achten, daß sich Probleme nicht aufstauen und stattdessen die Probleme gleich, wenn sie entstehen, ansprechen, dann ist es meist möglich, diese Probleme innerhalb von zwei bis vier Minuten zu besprechen. Das gelingt vor allem dann, wenn jeder dem anderen aufmerksam zuhört, ohne zu unterbrechen oder den anderen zu beeinflussen.

Wenn Sie die Zuhörfertigkeiten anwenden, stellen Sie Ihre eigenen Interessen kurzzeitig zurück; Sie gestatten dem Partner, seine Interessen oder Sorgen vollständig mitzuteilen. Wenn Sie so vorgehen...

- kommen Sie schneller zum Kern des Themas und haben weniger Streß.
- erhalten Sie gute, unbeeinflußte Informationen.
- ermutigen Sie Ihren Gesprächspartner zu Offenheit.
- verringern Sie Angst und Widerstände - bei Ihnen selbst und bei Ihrem Partner - und fördern Ehrlichkeit und Vertrauen.
- können Sie besser auf das Thema Ihres Partners eingehen, wenn Sie an der Reihe sind zu sprechen.
- erwerben Sie das Recht, daß Ihr Gesprächspartner auch Ihnen aufmerksam zuhört, nachdem Sie ihm zugehört haben.
- sparen Sie Zeit, indem Sie die besprochenen Themen später nicht erneut ansprechen müssen, um Mißverständnisse zu klären oder schlechte Entscheidungen zu korrigieren.

- erzeugen Sie eine kooperative Atmosphäre, in der gute Entscheidungen getroffen werden, die auf einem gegenseitigen (Ein-)Verständnis beruhen.
- hinterlassen Sie bei Ihrem Partner ein gutes Gefühl in Bezug auf Sie beide. Das entwickelt Vertrauen und fördert eine gute Beziehung.
- fühlen Sie sich auch zufrieden mit Ihrem eigenen wertschätzenden Verhalten.

Dominierendes Zuhören

Anleitung: Notieren Sie auf diesem Blatt, was Sie in der folgenden Übung wahrnehmen in der Interaktion zwischen einem Sprecher und einem Zuhörer. Notieren Sie das verbale und nonverbale Verhalten des Zuhörers und dessen Wirkung auf den Sprecher.

| **Verhalten des Zuhörers:** | **Reaktion des Sprechers:** |
verbal/nonverbal	verbal/nonverbal
_____	_____
_____	_____
_____	_____
_____	_____
_____	_____
_____	_____
_____	_____
_____	_____
_____	_____
_____	_____

Beobachten und Coachen

Zuhörfertigkeit 1: Aufmerksamkeit zeigen

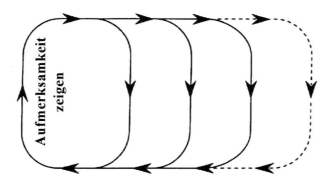

Anleitung: Verwenden Sie das abgebildete Bewußtheitsrad für die Beobachtung und Anleitung des Zuhörers, während er sich auf der Bewußtheitsrad-Matte bewegt, um dem Erzählenden zu „folgen".

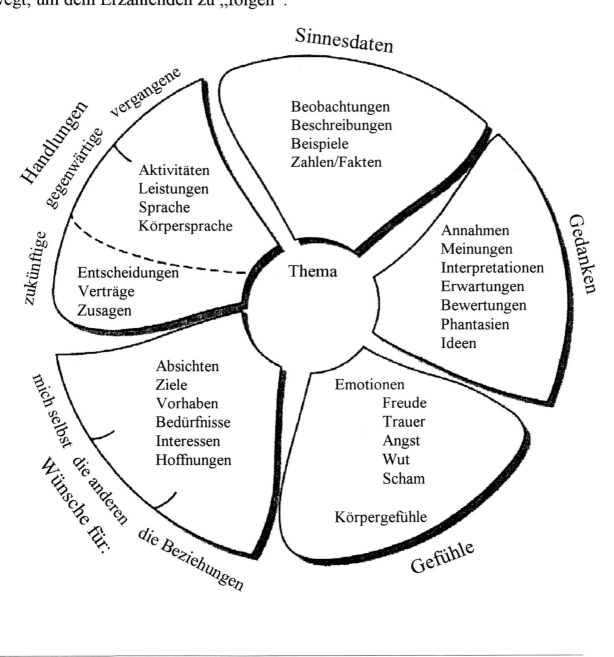

Zuhörfertigkeit 2: Botschaften bestätigen und
Zuhörfertigkeit 3: Um mehr Informationen bitten

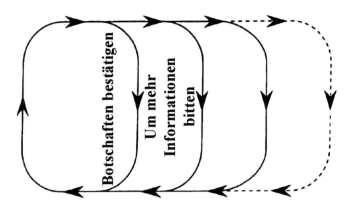

Anleitung: Notieren Sie, wie der Zuhörer die Skills *Botschaften bestätigen* und *Um mehr Informationen bitten* anwendet, sowie die Reaktionen des Erzählenden. Ermutigen Sie den Zuhörer, falls nötig, öfters und aktiver die Skills 2 und 3 anzuwenden. Falls der Zuhörer beginnt, gezielt Fragen zu stellen, führen Sie ihn wieder auf die Skills 2 und 3 zurück.

Verhalten des Zuhörers:　　　　　　　　**Reaktion des Sprechers:**

Botschaften bestätigen

_____　　　　　　　　_____

_____　　　　　　　　_____

_____　　　　　　　　_____

_____　　　　　　　　_____

Um mehr Informationen bitten

_____　　　　　　　　_____

_____　　　　　　　　_____

_____　　　　　　　　_____

Zuhörfertigkeit 4: Zusammenfassen

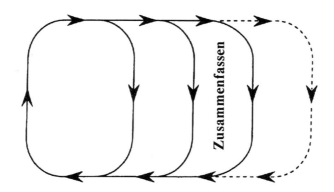

Anleitung: Notieren Sie die Zusammenfassungen des Zuhörers. Während er zusammenfaßt, beobachten Sie die Körpersprache des Sprechers. Zu welchen Äußerungen nickt oder lächelt er, um zu zeigen, daß die Zusammenfassung richtig war? Fordern Sie den Zuhörer auf, notfalls die Zusammenfassung zu wiederholen, bis der Sprecher mit der Zusammenfassung zufrieden ist.

Verhalten des Zuhörers:	**Reaktion des Sprechers:**
Zusammenfassen	
_____	_____
_____	_____
_____	_____
Kombination von **Um mehr Informationen bitten** und **Zusammenfassen**	
_____	_____
_____	_____
_____	_____
Andere Zuhörfertigkeiten	
_____	_____
_____	_____

Copyright © 1998 by ICP, Inc., Denver, Colorado, USA und inkom M. u. G. Drescher, Schweinfurt, Deutschland

Die Zuhörfertigkeiten

Anleitung: Hier finden Sie eine Liste mit den Zuhörfertigkeiten. Führen Sie folgende Schritte aus:

1. Schritt: Ohne Ihren Partner zu befragen, markieren Sie mit einem „X" aktuelle Gewohnheiten:

Wenn Sie mit Ihrem Partner/Ihrer Partnerin zusammen sind, wie häufig...

	selten				oft	
1)...zeigen Sie Ihre Aufmerksamkeit?	1	2	3	4	5	6
2)...bestätigen Sie seine Botschaften?	1	2	3	4	5	6
3)...bitten Sie um mehr Informationen?	1	2	3	4	5	6
4)...fassen Sie das Gehörte zusammen?	1	2	3	4	5	6
5)...stellen Sie gezielt Fragen?	1	2	3	4	5	6

2. Schritt: Wählen Sie 1-2 Fertigkeiten aus, die Sie verbessern möchten.

Skill: _____

Skill: _____

3. Schritt: Vergleichen Sie Ihre Wahl mit Ihrem Partner und besprechen Sie, wann und wo Sie daran üben möchten.

4. Schritt: Geben Sie positive Rückmeldung, wenn Sie feststellen, daß Ihr Partner die Zuhörfertigkeiten anwendet, die er sich zur Übung ausgewählt hat. Teilen Sie mit, wie sein Verhalten dazu beiträgt, daß es Ihnen leichter fällt, über Ihr Thema besser zu sprechen.

Paarübung

Mit der Zuhörfertigkeits-Matte beobachten und coachen

Bitten Sie Ihren Partner über ein Thema zu sprechen, von dem er wünscht, daß Sie etwas darüber erfahren. (Wenn er möchte, kann Ihr Partner zur Gesprächsvorbereitung zunächst das Bewußtheitsrad ausfüllen.)

Anleitung:

1. Vereinbaren Sie Zeitpunkt und Ort, wo Sie die Zuhörfertigkeiten üben möchten.

2. Stellen Sie sich so auf die Matte, daß Sie die Schrift „Zuhörfertigkeiten" lesen können, wenn Sie nach unten schauen. (Achten Sie darauf, daß die Matte nicht verrutschen kann.) Ihr Partner kann, wenn er will, die Bewußtheitsrad-Matte mitbenutzen.

3. Folgen Sie Ihrem Partner, um völliges und exaktes Verständnis des Themas zu erreichen. Dies ist das Ziel der Übung. Verwenden Sie die Skill-Matte, um die folgenden Fertigkeiten zu üben:
   - Aufmerksamkeit zeigen
   - Botschaften bestätigen
   - Um mehr Informationen bitten
   - Zusammenfassen

4. Während Ihr Partner spricht, vermeiden Sie es, dominierend zuzuhören durch:
   - widersprechen
   - korrigieren
   - Ratschläge erteilen

5. Stellen Sie erst zum Schluß offene Fragen, und erst nachdem Sie sich vorher vergewissert haben, daß Sie Ihren Partner vollständig und richtig verstanden haben.

6. Bitten Sie Ihren Partner am Schluß der Übung, Ihnen eine Rückmeldung zu geben, wie gut er Ihr Zuhören erlebt hat: von 1 (sehr gut) bis 6 (sehr schlecht). Falls Sie schlechter eingeschätzt wurden, als Sie es erwartet haben, bitten Sie um Feedback und Hilfestellung, wie Sie sich verbessern können.

Wie man die Zuhörfertigkeiten mit Kindern anwendet

Verwenden Sie die Zuhörfertigkeiten auch, wenn Ihre Kinder Ihnen etwas erzählen möchten - vor allem bei Themen, wo Sie dazu neigen, automatisch negativ zu reagieren.

Anleitung:

1. Entscheiden Sie, ob Sie die Zuhörfertigkeiten verwenden möchten:

   ohne die Skill-Matten
   (wenn Sie nicht möchten,
   daß Ihr Kind weiß, daß
   Sie die Skills ausprobieren)

   mit Hilfe der Skill-Matten
   (wenn Sie möchten, daß
   Ihr Kind weiß, daß Sie versuchen, Ihre Kommunikation
   mit Hilfe der Skill-Matten
   zu verbessern.)

2. Egal, ob mit oder ohne Skill-Matten, versuchen Sie eindeutig zu sein in der Verwendung der einzelnen Fertigkeiten:

   - Aufmerksamkeit zeigen
   - Botschaften bestätigen
   - Um mehr Informationen bitten
   - Zusammenfassen
   - Gezielt fragen und klären

3. Besprechen Sie anschließend gemeinsam:

   - den Grad der Spannung
   - evtl. Stimmungswechsel
   - das Ergebnis des Gesprächs

4. Überlegen Sie, inwieweit sich dieses Gespräch unterschieden hat von den üblichen Gesprächen, die Sie mit diesem Kind führen.

Einzelübung 75

Situationen, in denen wir zuhören

Anleitung: Üben Sie in den nächsten Wochen die Zuhörfertigkeiten, zuhause, auf der Arbeit und sonstwo. Notieren Sie unten Ihre Erfahrungen mit den einzelnen Skills.

Situation	Fertigkeit	Ergebnis
_____	_____	_____
_____	_____	_____
_____	_____	_____

Situation	Fertigkeit	Ergebnis
_____	_____	_____
_____	_____	_____
_____	_____	_____

Situation	Fertigkeit	Ergebnis
_____	_____	_____
_____	_____	_____
_____	_____	_____

Situation	Fertigkeit	Ergebnis
_____	_____	_____
_____	_____	_____

Copyright © 1998 by ICP, Inc., Denver, Colorado, USA und inkom M. u. G. Drescher, Schweinfurt, Deutschland

Geschlossene und offene Fragen

Geschlossene Fragen engen die Antwortmöglichkeiten ein. Offene Fragen geben dem Partner mehrere Antwortmöglichkeiten.

Anleitung:
Die folgenden Fragen sind geschlossene Fragen, die sich auf einzelne Segmente des Bewußtheitsrades beziehen. Wandeln Sie jede geschlossene Frage in eine offene um (die sich jedoch auf das gleiche Segment bezieht). Vergleichen Sie Ihre Formulierungen mit unseren Vorschlägen ganz unten auf dieser Seite.

1. Bist Du verärgert über das, was er gesagt hat?
2. Hast Du ihr ironisches Lächeln gesehen?
3. Hast Du einen verärgerten Unterton bei ihm gehört?
4. Macht Dich das glücklich oder traurig?
5. Hast Du sie gleich zurückrufen?
6. Willst Du Deinen Job wechseln?
7. Bist Du jetzt fertig mit Deinem Plan?
8. Wirst Du am Samstag oder Sonntag wiederkommen?
9. Glaubst Du, daß das richtig oder falsch ist?
10. Möchtest Du gehen oder bleiben?

Hier sind unsere Vorschläge für offene Fragen, die diese Fragen ersetzen könnten:

1. Wie geht es Dir mit dem, was er gesagt hat?
2. Wie hast Du ihren Gesichtsausdruck erlebt?
3. Was hast Du aus seiner Stimme herausgehört?
4. Wie ging es Dir dabei?
5. Wann hast Du sie zurückgerufen?
6. Wie stellst Du Dir vor, wie es mit Deinem Job weitergeht?
7. Wie weit bist Du mit Deinem Plan?
8. Wann wirst Du wiederkommen?
9. Wie denkst Du darüber?
10. Was hast Du nun vor?

Einzelübung

Nachbereitung eines Gesprächs

Anleitung: Erinnern Sie sich an ein Gespräch, bei dem Sie bewußt die Gesprächs- und Zuhörfertigkeiten angewendet haben.
Verwenden Sie das Bewußtheitsrad, um die Informationsbereiche zu notieren, die Sie eindeutig mitgeteilt haben.

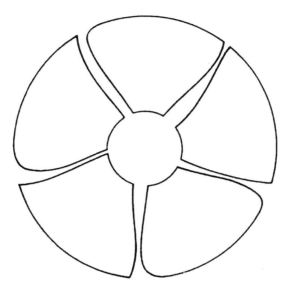

Notieren Sie nun die Informationen, die Sie erfahren haben, indem Sie die Zuhörfertigkeiten angewendet haben.

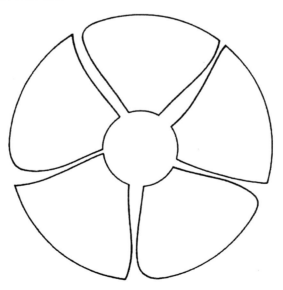

Welche Vorteile haben Sie erlebt durch die Verwendung der Skills?

Andere ernst nehmen und Aufmerksamkeit schenken

Inwieweit haben Sie Ihren Partner in letzter Zeit ernst genommen und ihm Aufmerksamkeit geschenkt in Bezug auf seinen Körper, seine Gefühle, seine Beziehung zu Ihnen und seine Wertvorstellungen?

Anleitung: Notieren Sie in der folgenden Matrix, was Sie für die einzelnen Bereiche getan haben (konkrete Handlungen).

	Ernst genommen, Aufmerksamkeit geschenkt	Nicht ernst genommen, keine Aufmerksamkeit geschenkt
Körper		
Gefühle		
Beziehung		
Wertvorstellungen		

Überprüfen Sie nun Ihren Aktionsplan zu den Zuhörfertigkeiten (S. 72) und Ihre Lernziele (Seite 12): Wie sind Ihre Fortschritte und wie wirken sie sich aus auf Ihr Verständnis für Ihren Partner?

Strategie zur Lösung von Problemen und Konflikten

3
Probleme und Konflikte lösen

Die Erfahrungen, die Menschen sammeln - Ihre Sinneswahrnehmungen, Gedanken, Gefühle, Wünsche und Handlungen - sind individuell verschieden und einzigartig. Das ist der Grund dafür, warum Paare bei allen möglichen Themen miteinander in Streit geraten können.
Konflikte können ihre Ursache in jedem Segment des Bewußtheitsrades haben:

- Unterschiedliche *Wahrnehmungen*
- Gegensätzliche *Deutungen, Bewertungen, Meinungen*
- Irritierende *Gefühle*
- Widersprüchliche *Wünsche und Interessen*
- Verletzende *Handlungen, Verhalten*

Was bei einem Konflikt herauskommt, hängt davon ab, wie er ausgetragen wird

Die Art und Weise, wie Sie und Ihr Partner bei wichtigen Angelegenheiten Entscheidungen treffen, gibt Aufschluß darüber, mit welcher Wertschätzung Sie sich begegnen, zumindest in diesem Augenblick. Wie Sie bei Meinungsverschiedenheiten miteinander sprechen und sich gegenseitig zuhören, hat Einfluß auf die Qualität Ihrer Entscheidungen und Ihre Zufriedenheit mit dem Ergebnis.

Durch die Art und Weise, wie Sie Ihre Konflikte lösen, kann jeder einzelne und die Beziehung gestärkt oder auch zerstört werden (emotional oder sogar physisch).

In diesem Kapitel werden wir beschreiben, wie man mit Meinungsverschiedenheiten umgehen kann. Sie und Ihr Partner werden vielleicht herausfinden, daß Sie ganz bestimmte, für Sie typische Verhaltensmuster zeigen, wenn Sie Konflikte miteinander austragen (gleichgültig, worum es dabei geht) und wie diese das Ergebnis beeinflussen. Wir werden Ihnen eine systematische Vorgehensweise vorstellen, die „Strategie zur Lösung von Problemen und Konflikten", mit der Sie schwierige Themen in befriedigender Weise bewältigen können.

Was bei einem Konflikt herauskommen kann

Jeder Konflikt zwischen Partnern führt zu irgendeinem Ergebnis. Es gibt drei mögliche Ergebnisse: Das Problem verschwindet von selbst wieder, die Partner stecken in einer Sackgasse fest, oder das Problem wird gelöst.

Das Problem verschwindet von selbst: Das Problem verschwindet mit der Zeit von selbst, aus welchem Grund auch immer.
Sackgasse: Die Partner stecken fest und kommen zu keinen Handlungen. Das kann bedeuten, daß die Partner damit einverstanden sind, eine Zeit lang mit dem ungelösten Problem zu leben, oder aber auch, daß sie sich nicht einigen können und die Fronten sich verhärten.
Das Problem wird gelöst: Die Partner unternehmen etwas, das zu einer Lösung des Problems führt.

Konfliktlösungsprozesse

Um eine Lösung eines Konfliktes zu erreichen, müssen die Partner zunächst durch einen Prozeß hindurchgehen, in dem sie sich mit dem Problem auseinandersetzen. Dabei gibt es fünf unterschiedliche Möglichkeiten: das Problem verdrängen, den anderen überzeugen (gewinnen oder verlieren), das Problem in der Schwebe halten, Kompromißbereitschaft zeigen oder das Problem einvernehmlich lösen (Konsens).

Das Problem verdrängen

Wenn ein Konflikt auftaucht, versuchen manche Paare, ihn zu verdrängen, indem sie darüber scherzen, das Thema wechseln oder indem sie wie die Katze um den heißen Brei um ihn herumschleichen. Indem sie den Konflikt vermeiden, versuchen sie, seine Bedeutung zu ignorieren oder zumindest herunterzuspielen. Wenn Paare so mit Konflikten umgehen, treffen sie notwendige Entscheidungen nicht oder sie überlassen es dem Zufall. Sie hoffen, daß sich das Problem von selbst löst. Kurzfristig scheint das manchmal auch zu funktionieren. Auf lange Sicht jedoch ist es unbefriedigend, vor allem für denjenigen, der am stärksten von dem Problem betroffen ist.

Überreden

Manche Paare versuchen, sich gegenseitig zu einer Lösung des Problems zu überreden. Der eine versucht den anderen mit mehr oder weniger Druck solange zu beeinflußen, bis er schließlich nachgibt. Das kann zu einer Lösung des Problems führen, häufig aber bleiben dabei negative Gefühle zwischen den Partnern zurück.

Sieg oder Niederlage

Falls keiner der beiden Partner nachgibt, besteht die Gefahr einer Eskalation in eine starke Auseinandersetzung oder in einen destruktiven Kampf. Der Konflikt kann dadurch in eine Sackgasse geraten. Oder der Konflikt setzt sich noch unter der Oberfläche fort, wenn ein Partner verärgert nachgibt oder sich beleidigt zurückzieht, z.B. mit bissigen Bemerkungen oder anderen indirekten, aggressiven Verhaltensweisen.
Selbst wenn auf diese Weise eine Lösung erzielt wird, sind diese Kämpfe um Sieg oder Niederlage unbefriedigend und können eine Beziehung nachhaltig stören. Obwohl es den Anschein hat, daß ein Partner „gewinnt", verlieren langfristig gesehen doch beide.

In der Schwebe halten

Hier führen die Partner zwar Gespräche mit dem Ziel, Lösungen zu finden, aber ohne Erfolg. Es werden keine Entscheidungen getroffen. Sie berühren häufig nur die Oberfläche des Problems, ohne sich das Thema wirklich voll und ganz bewußt zu machen und ohne sich selbst zu Handlungen zu verpflichten, mit denen das Problem gelöst werden könnte. Vielleicht sind sie sogar bereit, mit dem ungelösten Problem für unbestimmte Zeit zu leben. Das Ergebnis sind endlose Diskussionen, und nichts passiert.
Obwohl dieser Umgang mit Konflikten sicher erscheinen mag, besteht langfristig die Gefahr, daß die Untätigkeit Frustration auslöst.

Kompromißbereitschaft zeigen

Eine weitere Möglichkeit ist, Lösungen durch Tauschgeschäfte zu erreichen. Die Partner wägen die Lösungsvorschläge gegeneinander ab und sind zu Konzessionen bereit. Jeder gibt etwas, um dafür etwas zu erhalten; jeder gewinnt etwas und verliert etwas. Obwohl keiner alles erhält, was er sich wünscht, so erhalten doch beide etwas.

Ein Kompromiß ist sicher eine Lösung, aber nicht immer eine, die beide vollkommen zufriedenstellt.

Eine einvernehmliche Lösung suchen (Konsens)

Diese Problemlösung geht noch einen Schritt weiter als der Kompromiß. Beide Partner suchen gemeinsam nach Lösungen, die die Interessen beider vollständig berücksichtigen. Um dieses Ziel zu erreichen, müssen beide Partner sich das Problem völlig bewußt machen und verstehen, damit sie eine beidseitig akzeptierte Lösung entwickeln können. Dieser Lösungsansatz zeigt eine positive Wertschätzung sich selbst und dem anderen gegenüber und führt auch wirklich zu Ergebnissen.

Die Suche nach Lösungen nimmt oft mehr Zeit in Anspruch, da sie auf gegenseitigem Verständnis und Konsensbildung beruht. Weil aber „Gewinner-Gewinner" Lösungen erzielt werden, bewirkt diese Vorgehensweise größere Zufriedenheit mit dem Ergebnis und eine Stärkung der Beziehung. Dieser Lösungsansatz spart sogar, auf lange Sicht gesehen, Zeit und Energie, da schlechte Entscheidungen und deren negative Konsequenzen vermieden werden. Dieses Buch *Wir verstehen uns!* vermittelt Fertigkeiten und Konzepte, wie optimale Lösungen durch Kooperation erzielt werden können.

Problemlösungsprozeß und Ergebnis als Beziehungsmuster

Jeder Problemlösungsprozeß führt zu irgendeinem Ergebnis. Welches Ergebnis aber erreicht wird, hängt von der jeweiligen Vorgehensweise ab. Die Kombination aus Prozeß und Ergebnis ist oft ein spezifisches Merkmal für eine Partnerbeziehung. So entsteht ein Beziehungsmuster, das als mehr oder weniger befriedigend erlebt wird.

Betrachten Sie die Konfliktlösungsprozesse und deren Ergebnisse in der folgenden Abbildung und überlegen Sie, welches „Verhaltensmuster" für Ihre Beziehung typisch ist. Wie zufrieden sind Sie damit?

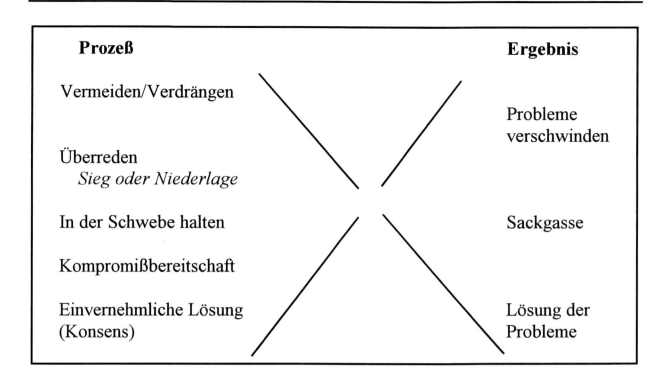

Strategie zur Lösung von Problemen und Konflikten:

Wenn Sie und Ihr Partner ein schwieriges Problem oder einen Konflikt zu lösen haben, können Sie folgende Strategie anwenden, um die besten Lösungen zu erzielen. Diese Strategie ist eine systematische Vorgehensweise, mit der Sie eine positive Wertschätzung: „Ich nehme mich ernst" und „Ich nehme Dich ernst" demonstrieren. Es ist ein kooperativer Prozeß, in dem alle Bereiche des Bewußtheitsrades berücksichtigt werden, während Sie *zusammen* eine *befriedigende Lösung* erarbeiten. Diese Strategie beinhaltet:

Schritt 1: Thema erkennen und analysieren

Schritt 2: Verfahren klären und vereinbaren

Schritt 3: Thema besprechen und Informationen sammeln

Schritt 4: Absichten und Ziele erkennen und klären

Schritt 5: Handlungsalternativen entwickeln (Ideensuche) und bewerten

Schritt 6: Entscheiden und Maßnahmen festlegen

Schritt 7: Aktionsplan überprüfen

Schritt 8: Ergebnisse überprüfen

Wann es sinnvoll ist, die Strategie zur Lösung von Problemen anzuwenden

Die Strategie ist sehr gründlich und kostet daher etwas Zeit. Verwenden Sie sie deshalb für ausgewählte Probleme und Konflikte, die zwischen Ihnen und Ihrem Partner auftauchen. Sobald Sie mit dieser Strategie vertraut sind, werden Sie merken, daß sie für jede schwierige Diskussion sehr hilfreich ist. Wenden Sie die Strategie an, wenn...

- ..Sie der Meinung sind, daß das Thema **wichtig oder kompliziert** ist
- ..Sie **Konflikte und Spannungen** erwarten
- ..Sie an einem **maximalen Informationsaustausch** zu dem Thema interessiert sind
- ..Sie die **beste Lösung** eines Problems anstreben

Schritt 1: Thema erkennen und analysieren

Probleme tauchen auf, wenn Erwartungen enttäuscht werden - wenn es eine Diskrepanz gibt zwischen dem, was sich jemand vorgestellt hat, und dem, was tatsächlich passiert. Der Hinweis auf ein Problem kann aus jedem Bereich des Bewußtheitsrades kommen - Wahrnehmungen, Gedanken, Gefühle, Wünsche oder Handlungen.

Das Problem kann sowohl von Ihnen als auch von Ihrem Partner als erstes bemerkt und zur Sprache gebracht werden. Im ersten Schritt fragen Sie:

- Was ist es für ein Problem?

Um was für ein Problem handelt es sich - ein sachliches, persönliches oder beziehungsbezogenes?

- Wessen Problem ist es?

Meines, Deines oder unseres?

Um diese Frage zu beantworten, überlegen Sie: wer ist betroffen, und was steht für jeden auf dem Spiel. Zu klären, wer das Problem hat, ist besonders dann hilfreich, wenn z.B. das Problem nur mich betrifft, ich jedoch die Hilfe meines Partners wünsche, um das Thema besser lösen zu können. Das ist beispielsweise der Fall, wenn ich Probleme mit meiner Arbeit habe oder mit den Kindern.
Wenn Sie das Thema ausreichend erkannt und analysiert haben, fahren Sie mit Schritt 2 fort.

Schritt 2: Verfahren klären und vereinbaren

Wollten Sie schon einmal ein Gespräch mit Ihrem Partner führen, aber er war nicht bereit dazu? In solchen Situationen passiert es leicht, daß Sie sich von Ihrem Partner abgelehnt fühlen und Sie annehmen, Ihr Partner interessiere sich nicht für Sie. Vielleicht haben Sie dann sogar Ihren Versuch verstärkt, die Aufmerksamkeit Ihres Partners zu bekommen, ungeachtet aller verbalen oder nonverbalen Zeichen von mangelnder Gesprächsbereitschaft.

Häufig ist es nicht das Thema selbst, das den Widerstand hervorruft, sondern lediglich ein aus der Sicht Ihres Partners schlecht gewählter Zeitpunkt oder Ort. In einer anderen Situation würde Ihr Partner vielleicht sehr bereitwillig über das Thema mit Ihnen diskutieren.

Vereinbarungen treffen

Treffen Sie lieber mit Ihrem Partner ein paar Vereinbarungen, anstatt einen Mangel an Interesse zu vermuten oder die Aufmerksamkeit erzwingen zu wollen. Indem Sie Vereinbarungen treffen, stellen Sie sicher, daß Ihr Partner Zeit hat und die Bereitschaft mitbringt, ein bestimmtes Thema oder Problem mit Ihnen durchzuarbeiten. *Legen Sie gemeinsam die organisatorischen Rahmenbedingungen fest, bevor Sie das eigentliche Gespräch beginnen.* Wenn Sie das OK Ihres Partners einholen, signalisieren Sie gegenseitigen Respekt und verhindern unnötige Frustrationen und Verschwendung von Zeit und Energie. Je hektischer und ausgefüllter Ihr Leben ist, umso wichtiger ist es, Vereinbarungen mit Ihrem Partner zu treffen.

Beachten Sie die folgenden acht Punkte, wenn Sie das Verfahren klären und Vereinbarungen treffen. Wird nur eine Frage vergessen, kann die Effektivität des Gesprächs darunter leiden.

Verfahren:	
	Wer
	Wo
	Wann
	Wie
	Energie
	Dauer
	Aus-Zeit (Pausen)
	Prozeß analysieren

Lesen Sie die ausführlicheren Beschreibungen dieser Verfahrensfragen, und überlegen Sie, wie jedes der Elemente den Problemlösungsprozeß beeinflußt.

Wer nimmt an dem Gespräch teil?

Überlegen Sie, wer von dem Thema betroffen ist. Das hilft Ihnen, festzulegen, wer an dem Gespräch beteiligt werden sollte und wer nicht. Manchmal haben Sie den Wunsch, mit Ihrem Partner alleine zu reden, ohne daß Kinder oder Dritte anwesend sind. Ein anderes Mal werden Sie bestimmte Personen mit in das Gespräch einbeziehen wollen. Vereinbaren Sie, wer teilnehmen soll und wer nicht. Führen Sie das Gespräch dann, wenn sich alle Beteiligten treffen können.

Strategie zur Problemlösung

Wo findet das Gespräch statt?

Der richtige Ort ist wichtig. Wählen sie einen ruhigen Ort. Sorgen Sie für geringe Ablenkung durch Telefon, Fernseher oder andere Störfaktoren. Schwierige Entscheidungen beim Essen zu treffen ist nicht empfehlenswert. Auch abends im Bett können schwierige Diskussionen nachteilig sein; der eine schläft vielleicht darüber ein, während der andere überhaupt nicht mehr einschlafen kann. Vielleicht machen Sie einen Spaziergang oder Sie machen es sich an einem ruhigen Ort zuhause bequem. Finden Sie in jedem Fall einen guten Ort, der Ihnen beiden zusagt.

Wann findet das Gespräch statt?

Ein Gespräch zur falschen Zeit erzeugt nur unnötige Anspannung oder Widerstände. Wenn aber beide Gesprächspartner bereit sind und über etwas reden wollen, werden Sie überrascht sein, wieviel Sie, selbst in begrenzter Zeit, erledigen können.

Wenn Sie einen Termin vereinbaren, haben Sie außerdem die Möglichkeit, sich auf das Gespräch vorzubereiten. Manche Menschen möchten sich gerne vorbereiten und manche Themen erfordern es. Es gibt jedoch auch Menschen, bei denen nur Anspannung entsteht, wenn das Gespräch verschoben wird. Prüfen Sie nach, wann Sie und Ihr Partner bereit sind, über das Thema zu reden und einigen Sie sich auf einen geeigneten Zeitpunkt.

Wie soll das Gespräch geführt werden?

Es ist manchmal hilfreich, sich auf eine systematische Vorgehensweise für die Diskussion zu einigen. Entscheiden Sie:

- ob Sie die Skill-Matten verwenden wollen
- ob Sie sich Notizen machen wollen (siehe Paar-Übung, Seite 106-109)
- ob Sie eine offene Diskussion führen wollen mit allen Schritten der hier aufgeführten Problemlösungsstrategie

Ist ausreichend *Energie* vorhanden, um das Gespräch zu führen?

Auch wenn alle äußeren Umstände passen, behindert manchmal eine physische oder psychische Ermüdung das Gespräch. Meist hängt die Qualität der Problemlösung stark vom vorhandenen Energiepegel ab. Manche Themen sollten verschoben werden, bis beide Partner genügend Energie besitzen, um sie zu bearbeiten. Chronischer Energiemangel kann jedoch ein Zeichen dafür sein, daß Sie ein Problem oder einige Bereiche Ihrer Bewußheit vermeiden.

Wie lange soll das Gespräch dauern?

Vielleicht haben Sie schon einmal erlebt, daß Sie abends ein Gespräch mit Ihrem Partner begonnen haben, das um zwei oder drei Uhr morgens noch andauerte. Vielleicht haben Sie sich in der Situation gefragt: „Warum haben wir nicht um Mitternacht das Gespräch beendet, und führen es morgen nachmittag weiter?" Manchmal ist es sinnvoll, im voraus zu vereinbaren, wann man das Gespräch beenden will. Sie können dann beschließen, wann Sie das Gespräch fortsetzen wollen.

Eine „*Aus-Zeit*" (Pause) nehmen

Vereinbaren Sie, daß jeder Gesprächsteilnehmer, wann immer er möchte, eine „Aus-Zeit" in Anspruch nehmen kann. Ohne diese „Notbremse" können Gespräche manchmal zu lange dauern oder außer Kontrolle geraten. Vereinbaren Sie, wann das Gespräch fortgesetzt werden soll, wenn eine „Aus-Zeit" in Anspruch genommen wurde. Ein Problem muß nicht notwendigerweise in einer Sitzung gelöst werden. Manchmal ist es ratsam abzuwarten, bis sich Spannungen gelöst und die bisherige Diskussion sich etwas gesetzt hat. Dies führt häufig zu einer neuen Sichtweise der Dinge und fördert neue Lösungsvorschläge.

Den *Prozeß analysieren*: Das Gespräch über das Gespräch

Vereinbaren Sie, daß jeder Gesprächspartner das Gespräch zu jedem Zeitpunkt unterbrechen kann, um den Gesprächsprozeß zu analysieren. Sie können z.B. sagen: „Ich möchte unser Gespräch kurz unterbrechen, um zu überprüfen, ob wir noch auf dem richtigen Weg sind. Sind wir noch bei der Informationssammlung oder bereits bei der Lösungssuche?" Oder vielleicht sagen Sie: „Wir haben vereinbart, uns gegenseitig zuzuhören. In den letzten 10 Minuten hast Du mir mindestens dreimal das Wort abgeschnitten, wenn ich etwas sagen wollte. Ich wünsche mir, daß Du mich ausreden läßt und mir zuhörst."

Es ist nicht bei jedem Gespräch notwendig, alle Fragen Punkt für Punkt durchzugehen. Sie sollten jedoch bedenken, daß mehr oder weniger bewußt immer eine informelle, stillschweigende Vereinbarung darüber existiert. Achten Sie auf körpersprachliche Signale als Hinweis dafür, ob Ihre Vereinbarungen akzeptiert und eingehalten werden. Falls Sie unsicher sind, klären Sie es ab.

Wenn Sie Vereinbarungen miteinander treffen und zusammen die Regeln festlegen, übernehmen Sie gemeinsam Verantwortung für die Vorgehensweise und das Ergebnis. Sie schaffen dadurch gute Voraussetzungen dafür, daß ein Konflikt effektiv bewältigt wird.

Strategie zur Problemlösung

Die einzelnen Schritte der Strategie werden im folgenden an einem Beispiel demonstriert:

Beispiel Schritte 1 und 2:

Sybille und Markus, Teilnehmer eines Trainings in Paar-Kommunikation, haben folgende Themen notiert, worüber sie gerne miteinander reden möchten:

Themenvorschläge von Markus:

- Umgang mit Streit in unserer Beziehung
- Planung der Hochzeit von der Tochter Brigitte
- Festlegen von Prioritäten bezüglich der Hausrenovierung
- Notwendigkeit eines Autokaufs

Themenvorschläge von Sybille:

- Kostenaufstellung für Brigittes Hochzeit
- besserer Umgang mit Streit, Wut und Ärger
- Urlaubsplanung
- Reparatur der Glasschiebetür

Nachdem sie ihre Themenvorschläge verglichen hatten, einigten sie sich darauf, ihren Umgang mit Streit in der Partnerschaft zu thematisieren (Schritt 1). Sie beschlossen, das Thema zuhause zu besprechen. Als Vorbereitung füllte jeder sein Bewußtheitsrad auf S. 107 im Buch aus (Schritt 2). Das Thema „Streit in unserer Beziehung" schrieben sie in die Mitte.

Dann bearbeiten sie Schritt 3.

Schritt 3: Thema besprechen und Informationen sammeln

Ziel ist, das Thema vollständig zu verstehen, bevor man Aktivitäten beschließt. Damit vermeiden Sie vorschnelle Lösungen, die nachher nicht passen.

Dazu beantwortet jeder Gesprächsteilnehmer aus seiner Perspektive folgende vier Fragen zu dem Thema:

- Was habe ich bis heute getan, oder was tue ich zur Zeit, um das Problem zu lösen?
- Was habe ich wahrgenommen, gesehen, gehört?
- Was denke ich über das Thema, was ist meine Meinung?
- Welche Gefühle löst das Thema bei mir aus?

Dann teilen die Partner abwechselnd Informationen aus den vier Segmenten des Bewußtheitsrades mit und wenden die Gesprächsfertigkeiten und die Zuhörfertigkeiten an. Wechseln Sie sich gegenseitig mit dem Berichten und Zuhören ab, bis Sie die unterschiedliche Sichtweise des anderen vollständig verstanden haben. Klären Sie Mißverständnisse und irritierende Gefühle.

Verstehen als Lösung

Gelegentlich werden Sie feststellen, daß es nicht nötig ist, über den Schritt 3 hinauszugehen, weil der Prozeß der Problemanalyse bereits das Problem gelöst hat. Wenn dieses der Fall ist, werden Sie und Ihr Partner erleben, daß Ihre internen und externen Informationen gut zusammenpassen. Sie werden eine Problemlösung erleben, die in einem besseren Verständnis füreinander und nicht in irgendwelchen Aktionen besteht.

Strategie zur Problemlösung

Fortsetzung des Beispiels Schritt 3:

Lesen Sie hier, was Markus in seinem Bewußtheitsrad notiert hat:

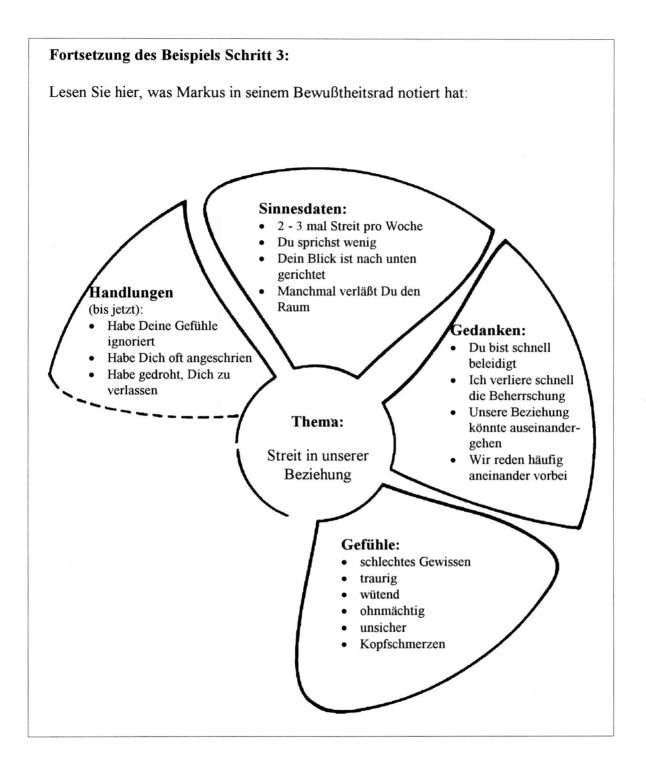

Sinnesdaten:
- 2 - 3 mal Streit pro Woche
- Du sprichst wenig
- Dein Blick ist nach unten gerichtet
- Manchmal verläßt Du den Raum

Handlungen (bis jetzt):
- Habe Deine Gefühle ignoriert
- Habe Dich oft angeschrien
- Habe gedroht, Dich zu verlassen

Gedanken:
- Du bist schnell beleidigt
- Ich verliere schnell die Beherrschung
- Unsere Beziehung könnte auseinandergehen
- Wir reden häufig aneinander vorbei

Thema: Streit in unserer Beziehung

Gefühle:
- schlechtes Gewissen
- traurig
- wütend
- ohnmächtig
- unsicher
- Kopfschmerzen

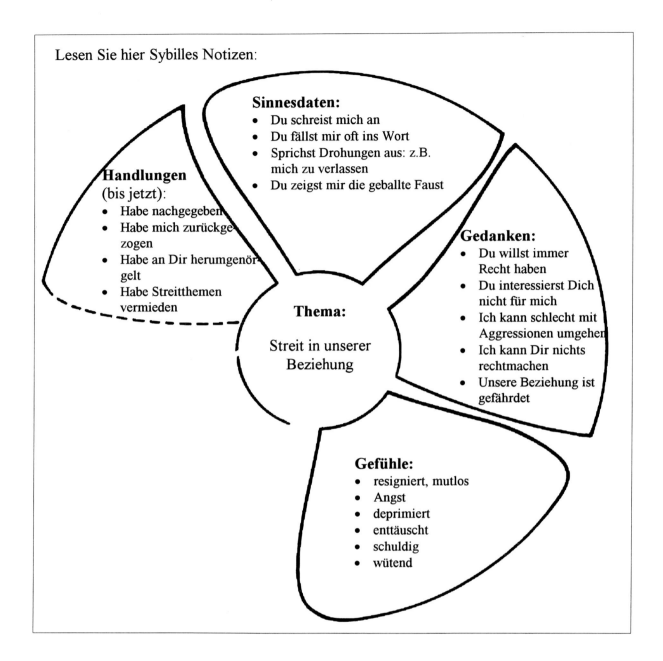

Schritt 4: Absichten und Ziele erkennen und klären

Dieser Schritt konzentriert sich auf die Wünsche, Absichten und Ziele bezüglich des Themas - was Sie *sein* wollen, *tun* wollen und *haben* wollen. Denken Sie auch darüber nach, was Sie vielleicht *nicht wollen*.

Achten Sie darauf, daß Sie alle Personen mit in das Thema einbeziehen, die davon betroffen sind. Stellen Sie dazu folgende Fragen:
- Was will ich *für mich* erreichen in dieser Angelegenheit?
- Was will ich für meinen Partner erreichen?
- Was will ich *für unsere Beziehung* erreichen?

Strategie zur Problemlösung

Manchmal hat derjenige Gesprächspartner, der als erster über Absichten und Wünsche spricht, Schwierigkeiten, die Wünsche „für den anderen" mitzuteilen, da er darüber vom anderen noch nichts gehört hat. Wenn beide Gesprächspartner die Gelegenheit hatten, über ihre Wünsche „für sich selbst" zu sprechen, ist es leichter, die Wünsche „für den Partner" mitzuteilen.

Wenn Sie Ihre Wünsche *für* Ihren Partner zum Ausdruck bringen wollen, erinnern Sie sich gut daran, welche Wünsche, Ziele und Absichten er für sich selbst ausgesprochen hat. Wenn Sie diese akzeptieren können, nehmen Sie sie als Ihre Wünsche *für den anderen* auf. (Achten Sie darauf, daß Sie nicht Ihre Wünsche *für* und Ihre Wünsche *von* dem anderen miteinander verwechseln. Ordnen Sie Ihre Wünsche *von* Ihrem Partner unter Ihre persönlichen Wünsche *für sich selbst* ein.)

Sorgen Sie dafür, daß Sie alle Ihre Wünsche berücksichtigen. Überlegen Sie, was deren Erfüllung für Sie persönlich bedeutet. Denken Sie auch über die Auswirkungen Ihrer Wünsche auf Ihre Beziehung nach. Verfahren Sie ebenso mit dem, was Sie für Ihren Partner wünschen.

Es ist wichtig, bei Problemlösungen an die Wünsche für andere zu denken. Ebenso fördert es den guten Willen und die Kooperationsbereitschaft, wenn man sich an den Wünschen für die gemeinsame Beziehung orientiert.

Fortsetzung des Beispiels Schritt 4:

Markus notierte folgende Wünsche, Ziele und Absichten:

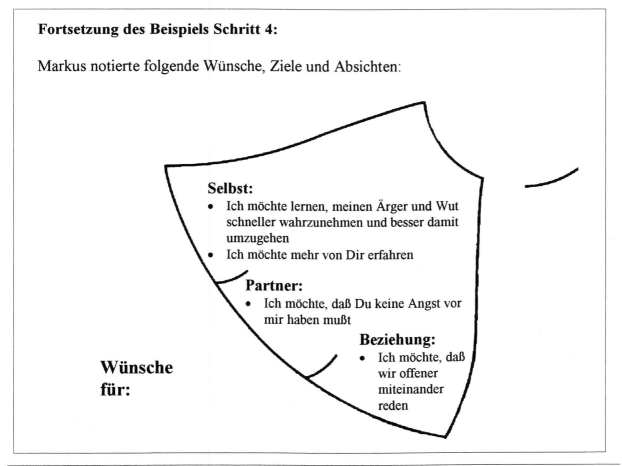

Wünsche für:

Selbst:
- Ich möchte lernen, meinen Ärger und Wut schneller wahrzunehmen und besser damit umzugehen
- Ich möchte mehr von Dir erfahren

Partner:
- Ich möchte, daß Du keine Angst vor mir haben mußt

Beziehung:
- Ich möchte, daß wir offener miteinander reden

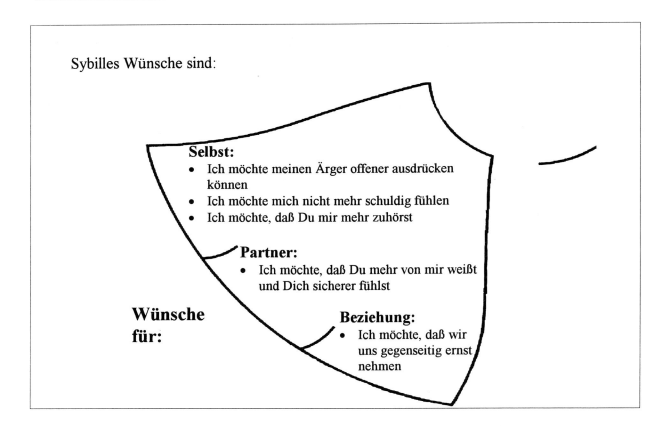

Schritt 5: Handlungsalternativen entwickeln und bewerten

Nachdem Sie das Thema ausführlich erörtert haben und gemeinsame Ziele und Wünsche herausgearbeitet haben, folgt nun eine Ideensuche: Was könnten Sie alles tun, um das Problem zu lösen oder wenigstens einen Schritt weiterzukommen?

Fragen Sie sich:
Was kann *ich* in dieser Angelegenheit *konkret tun*?

- für mich
- für meinen Partner
- für unsere Beziehung

Seien Sie dabei offen für neue Ideen, denken Sie positiv und in kleinen Veränderungsschritten. Anstatt auf die eine große Lösung zu warten, überlegen Sie sich lieber eine Vielzahl von kleinen Handlungsschritten, die Sie *konkret umsetzen* können.

Überlegen Sie jede mögliche Handlungsalternative. Beziehen Sie sowohl neue Lösungswege mit ein, als auch bewährte Vorgehensweisen aus der Vergangenheit. Wiederholen Sie aber nichts, was sich als unwirksam erwiesen hat.

Strategie zur Problemlösung

Trennen Sie die Ideensuche von der Ideenbewertung, um offen zu bleiben für Neues. Die Bewertung und Auswahl der Ideen ist ein späterer Schritt der Problemlösung.

Manchmal ist es hilfreich, Ihre Erwartungen hinsichtlich einer Verbesserung in Prozenten auszudrücken. Zum Beispiel: Wenn Sie im nächsten Schritt eine Verbesserung der Situation um 20% erreichen könnten, wäre das für Sie zufriedenstellend? Wenn man darüber nicht nachdenkt, setzt man sich leicht unrealistische Ziele (100% Verbesserung der Situation), und ist dann frustriert oder entmutigt, wenn man versucht, auf einen Schlag die absolute Lösung aller Probleme zu finden.

Fortsetzung des Beispiels Schritt 5:

Markus hatte folgende Ideen:

- feste Zeit für Gespräche über uns einplanen
- Drohungen und verletzende Worte unterlassen
- besser zuhören
- mehr Geduld haben
- das Bewußtheitsrad verwenden
- mehr auf positive Dinge achten

Sybille schlug folgende Ideen vor:

- beim Streit mehr von mir mitteilen
- meine Wünsche und Interessen direkt äußern
- ein Zeichen für eine Aus-Zeit vereinbaren
- mehr miteinander reden
- ein Selbstsicherheitstraining besuchen
- mehr Anerkennung geben

Schritt 6: Entscheiden und Maßnahmen festlegen

Nachdem Sie Handlungsalternativen entwickelt haben, tauschen Sie sich darüber mit Ihrem Partner aus. Wenn Sie sich für konkrete Maßnahmen entscheiden, überlegen Sie vorher:

- Was sind die Chancen und die Risiken der einzelnen Maßnahmen?
- Welche der Maßnahmen sind am leichtesten realisierbar?

Kombinieren oder verändern Sie Maßnahmen, wenn Sie es wünschen. Die wichtigste Fragestellung für beide Partner zu diesem Zeitpunkt ist:

Was werde ich selbst verbindlich tun?

- für mich selbst
- für meinen Partner
- für unsere Beziehung

Fortsetzung des Beispiels

Markus traf folgende Entscheidung:

Aktionsplan:

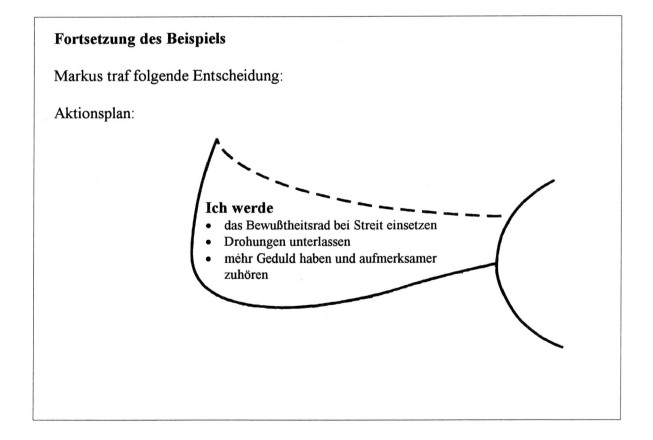

Ich werde
- das Bewußtheitsrad bei Streit einsetzen
- Drohungen unterlassen
- mehr Geduld haben und aufmerksamer zuhören

Strategie zur Problemlösung

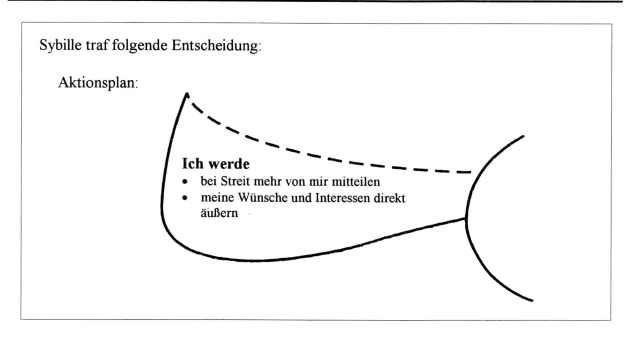

Falls möglich, vereinbaren Sie, (bis) wann und wo Sie Ihre Maßnahmen durchführen werden.

Schritt 7: Aktionsplan überprüfen

Nachdem Sie die nächsten Schritte festgelegt haben, halten Sie einen Moment inne, und stellen Sie sich in Ihrer Phantasie vor, wie Sie Ihre Handlungen konkret umsetzen. Überprüfen Sie alle Segmente in Ihrem Bewußtheitsrad, ob Sie damit zufrieden sind. Wenn jeder von Ihnen sich selbst in der Phantasie deutlich sehen, hören und erleben kann, wie er konsequent den Aktionsplan umsetzt, dann paßt Ihr Plan!

Falls jedoch einer von Ihnen sich nur schwer vorstellen kann, eine bestimmte Maßnahme durchzuführen, so überlegen Sie, was Sie stört. Ist es ein Gefühl, ein Gedanke oder widersprüchliche Wünsche, die Sie daran hindern, den Plan umzusetzen? Dies könnte ein Hinweis dafür sein, daß ein tieferliegendes Problem die Lösung des ursprünglichen Problems blockiert.
Falls zuwenig Zeit und Energie vorhanden sind, dieses neue Problem sofort zu bearbeiten, vereinbaren Sie zumindest dafür einen neuen Termin.

Fortsetzung des Beispiels Schritt 7:

Nachdem Markus und Sybille ihren Aktionsplan überprüft hatten, sagte Sybille: „Ich bin jetzt sehr zuversichtlich, daß wir diesen Aspekt in unserer Partnerschaft verbessern können." Markus stimmte ihr zu und sagte: „Laß uns die Sache anpacken!"

Schritt 8: Ergebnisse überprüfen

Nachdem einige Zeit verstrichen ist und Sie die Gelegenheit hatten, Ihre Maßnahmen umzusetzen, können Sie überprüfen, ob Ihr Plan funktioniert hat.

Falls Ihre Aktion erfolgreich war, werden Sie sich gut fühlen. Wenn Sie mit dem Ergebnis zufrieden sind, dann feiern Sie! Achten Sie darauf, daß Sie Ihrem Partner ebenfalls eine positive Rückmeldung geben für seinen Beitrag zu der Problemlösung.

Falls Ihre Maßnahmen nicht erfolgreich waren, werden Sie wahrscheinlich eine Reihe negativer Gefühle erleben - Enttäuschung, Frustration, vielleicht sogar Beschämung. Gehen Sie erneut Ihr Bewußtheitsrad durch, und entwickeln Sie einen neuen Aktionsplan. Wiederholen Sie nicht Maßnahmen, die nicht erfolgreich waren.

Vorteile der Strategie zur Lösung von Problemen und Konflikten

Die Strategie ist eine leicht verständliche Vorgehensweise für die erfolgreiche Bearbeitung von Problemen und Konflikten. Sie hilft Ihnen dabei, jederzeit zu erkennen, an welcher Stelle im Problemlösungsprozeß Sie sich gerade befinden. Außerdem hat sie folgende Vorteile:

- Sie erkennen, *welchen persönlichen Beitrag Sie selbst* zur Lösung des Problems oder Konfliktes leisten können
- Es ist sichergestellt, daß Sie *konsequent beim Thema* bleiben
- *Gefühle und Wünsche* werden berücksichtigt
- Sie erarbeiten *konkrete Maßnahmen* auf der Basis vollständiger Bewußtheit

Die Strategie verbindet Kommunikationskonzepte und -fertigkeiten, die Ihnen helfen, in der Partnerbeziehung, in der Familie oder im Beruf Probleme kooperativ zu bearbeiten und erfolgreich zu lösen.

Arbeitsblatt

Liste aktueller Konflikte

Datum _____

Anleitung: Denken Sie über die Themen nach, die Sie momentan beschäftigen - zuhause, bei der Arbeit oder wo auch immer. Während Sie darüber nachdenken, notieren Sie ein oder mehrere Stichworte, die das Thema kurz beschreiben.

sachliche Probleme	persönliche Probleme

Beziehungsprobleme

Wenn Sie damit fertig sind, vergleichen Sie diese Themen mit den Themen, die Sie auf Seite 38 notiert haben. Gibt es Themen aus der ersten Liste, die inzwischen gelöst oder nicht mehr vorhanden sind? Falls Sie wollen, übertragen Sie frühere Themen in Ihre neue Liste.

Typische Verhaltensmuster, wie Sie mit Konflikten umgehen

Jedes Paar hat eine informelle, oft stillschweigende Vereinbarung darüber, wie es mit seinen Konflikten umgeht. Hier ist eine Liste über verschiedene Konfliktlösungsprozesse mit ihren jeweiligen typischen Auswirkungen, wie sie bereits in Kapitel 3 vorgestellt worden sind:

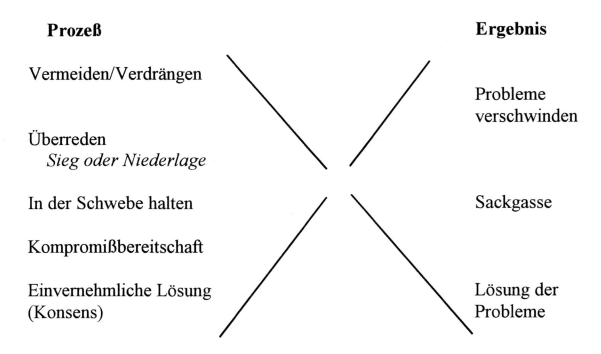

Prozeß

Vermeiden/Verdrängen

Überreden
Sieg oder Niederlage

In der Schwebe halten

Kompromißbereitschaft

Einvernehmliche Lösung
(Konsens)

Ergebnis

Probleme verschwinden

Sackgasse

Lösung der Probleme

1. Schritt: Stellen Sie fest, welche Verhaltensmuster für Ihre Partnerschaft typisch sind. Wie zufrieden sind Sie mit dem Ergebnis? (Besprechen Sie das noch nicht mit Ihrem Partner.)

	Prozeß	**Ergebnis**	**Zufriedenheit** (gering, mittel, hoch)
1			
2			
3			

2. Schritt: Vergleichen Sie nun Ihre Einschätzung mit der Ihres Partners.

Anleitung

Wie Sie mit Hilfe der Skill-Matten beobachten und coachen können, während Sie die Strategie anwenden

Wie Sie beobachten:

Achten Sie auf:

- Exaktheit - die richtige Verwendung der Gesprächs- und Zuhörfertigkeiten
- Vollständigkeit - die Durchführung aller Schritte der Strategie

Verwenden Sie den Beobachtungsbogen auf der nächsten Seite, um sich Notizen zu machen (auffällige Worte, Sätze oder Körpersprache) für ein späteres Feedback.

Wie Sie coachen:

- Achten Sie darauf, daß jeder Gesprächspartner bei jedem Schritt der Strategie die Gelegenheit hat, zu erzählen und zuzuhören und dabei auf der entsprechenden Skill-Matte steht.
- Ermutigen Sie dazu, die Gesprächsfertigkeiten richtig anzuwenden.
- Ermutigen Sie dazu, die Zuhörfertigkeiten aktiv anzuwenden.
- Verwenden Sie selbst die Gesprächs- und Zuhörfertigkeiten, wenn Sie Hilfestellung beim Prozeß geben. Achten Sie darauf, daß Sie nicht Ihre eigene Meinung oder Lösungsideen einfließen lassen. (Versuchen Sie nicht den Konflikt für das Paar zu lösen.)

Beobachten und Coachen mit den Skill-Matten: Die Strategie zur Problemlösung

Schritte der Strategie	Notizen		Schritt erledigt
	Partner A	**Partner B**	
Schritt 1: Thema erkennen und analysieren			
Schritt 2: Verfahren klären und vereinbaren			
Schritt 3: Thema besprechen und Informationen sammeln			
Schritt 4: Absichten und Ziele erkennen und klären			
Schritt 5: Handlungsalternativen entwickeln und bewerten			
Schritt 6: Entscheiden und Maßnahmen festlegen			
Schritt 7: Aktionsplan überprüfen			
Schritt 8: Ergebnisse überprüfen (diesen Schritt führt das Paar später durch)			

Copyright © 1998 by ICP, Inc., Denver, Colorado, USA und inkom M. u. G. Drescher, Schweinfurt, Deutschland

Aktionsplan

Die Strategie zur Lösung von Problemen und Konflikten

Anleitung: Beurteilen Sie sich selbst:

	Kann ich besonders gut	Ist OK so	Muß ich dran arbeiten
Schritt 1: Thema erkennen und analysieren	_____	_____	_____
Schritt 2: Verfahren klären und vereinbaren	_____	_____	_____
Schritt 3: Thema besprechen und Informationen sammeln	_____	_____	_____
Schritt 4: Absichten und Ziele erkennen und klären	_____	_____	_____
Schritt 5: Handlungsalternativen entwickeln und bewerten	_____	_____	_____
Schritt 6: Entscheiden und Maßnahmen festlegen	_____	_____	_____
Schritt 7: Aktionsplan überprüfen	_____	_____	_____
Schritt 8: Ergebnisse überprüfen	_____	_____	_____

Wählen Sie einen oder zwei Schritte aus, die Sie verbessern möchten.

	Mit wem	Wo	Wann	Wie
Schritt ____				
Schritt ____				

Copyright © 1998 by ICP, Inc., Denver, Colorado, USA und inkom M. u. G. Drescher, Schweinfurt, Deutschland

Strategie zur Problemlösung

Datum: _____

Schritt 1: Thema erkennen und analysieren
(siehe Arbeitsblatt: Liste aktueller Konflikte, Seite 101)

- Was ist das Problem?

- Wessen Problem ist es?

Schritt 2: Verfahren klären und vereinbaren

Klären Sie:

- Wer ist am Gespräch beteiligt?

- Wo findet das Gespräch statt?

- Wann findet das Gespräch statt?

- Wie soll das Gespräch geführt werden?

- Ist genügend Energie vorhanden, um das Problem zu bearbeiten?

- Wie lange soll das Gespräch dauern?

- Wir einigen uns, daß jeder jederzeit
  * eine Aus-Zeit (Pause) nehmen kann
  * den Prozeß analysieren kann

Einigen Sie sich auf ein gemeinsames Thema, das Sie und Ihr Partner bearbeiten möchten. Notieren Sie das Thema in der Mitte des Bewußtheitsrades. (Siehe Grafik auf der nächsten Seite, Schritt 3)

Schritt 3: Thema besprechen und Informationen sammeln

Füllen Sie, jeder für sich, das Bewußtheitsrad aus:

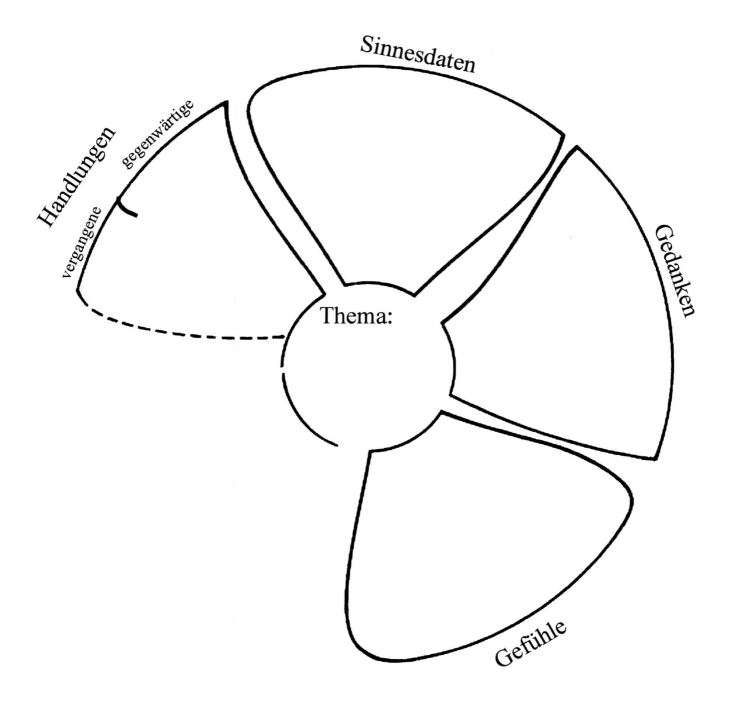

Besprechen Sie nun das Thema mit Hilfe Ihrer Notizen im Bewußtheitsrad. (Jeder von Ihnen wird nun das gleiche Thema aus seiner ganz persönlichen Perspektive darstellen.)

Schritt 4: Absichten und Ziele erkennen und klären

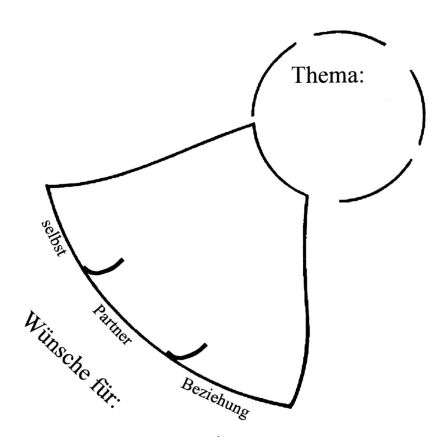

Nachdem Sie Ihre Wünsche, Ziele, Absichten notiert haben, teilen Sie sie Ihrem Partner mit.

Schritt 5: Handlungsalternativen entwickeln und bewerten

Auf der Grundlage der Informationen, die Sie bereits gesammelt und ausgetauscht haben, entwickeln Sie nun einige Ideen, von denen Sie glauben, daß sie das Problem lösen könnten.

Ideen:

_____

_____

_____

Schritt 6: Entscheiden und Maßnahmen festlegen

Wählen Sie diejenigen Ideen aus, von denen Sie meinen, daß sie gut realisierbar sind. Notieren Sie Ihre Entscheidung.

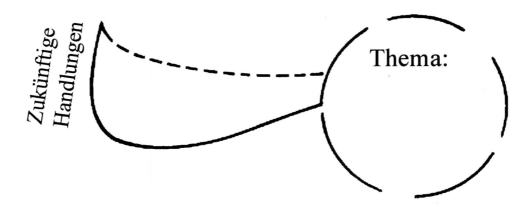

Schritt 7: Aktionsplan überprüfen

Nachdem Sie die nächsten Schritte festgelegt haben, halten Sie einen Moment inne, und stellen Sie sich in Ihrer Phantasie vor, wie Sie Ihre Maßnahmen konkret umsetzen. Wenn Sie sich das gut vorstellen können, dann paßt Ihr Plan! Falls es Ihnen Probleme bereitet, dann überlegen Sie, woran das liegen könnte. Gibt es Befürchtungen, ein unangenehmes Gefühl, oder etwas, das Sie nicht wirklich tun möchten, was Sie blockieren könnte?

Teilen Sie das Ergebnis Ihres „Tests" Ihrem Partner mit.

Falls Sie oder Ihr Partner in Bezug auf irgendwelche Maßnahmen Bedenken haben, dann gehen Sie erneut Ihr Bewußtheitsrad durch, mit dem Ziel, einen neuen, passenderen Aktionsplan zu entwickeln.

Schritt 8: Ergebnisse überprüfen

Nachdem Sie Ihre Maßnahmen umgesetzt haben, überprüfen Sie, wie erfolgreich sie waren. Falls Sie nicht zufrieden sind, gehen Sie erneut Ihr Bewußtheitsrad durch. Wiederholen Sie nicht Maßnahmen, die nicht funktioniert haben.

Führen Sie mit Hilfe der Bewußtheitsrad-Matte das Bewußtheitsrad in Ihrer Familie ein

Anleitung:

1. Wählen Sie ein Thema aus, das nicht zu schwierig ist, und das alle Familienmitglieder betrifft.

2. Vereinbaren Sie einen Zeitpunkt, in der alle Zeit haben, zusammenzukommen.

3. Stellen Sie das Bewußtheitsrad Ihrer Familie vor, indem Sie auf der Skill-Matte umherlaufen, während Sie die jeweiligen Informationsbereiche beschreiben.

4. Bitten Sie alle Familienmitglieder, sich um die Bewußtheitsrad-Matte zu versammeln, und beginnen Sie über das eigentliche Thema zu sprechen. Danach geht jede Person nacheinander auf die Matte und berichtet aus ihrer individuellen Sicht das Thema.

5. Wenden Sie die Zuhörfertigkeiten an, die Sie gelernt haben, um sicherzustellen, daß jeder vollständig und genau verstanden wird. (Coachen Sie gegebenenfalls vorsichtig)

6. Besprechen Sie das Thema, bis Sie als Familie eine befriedigende Lösung gefunden, oder Verständnis erreicht haben, oder bis eine Aus-Zeit (Pause) gewünscht wird.

Kommunikations-Stile

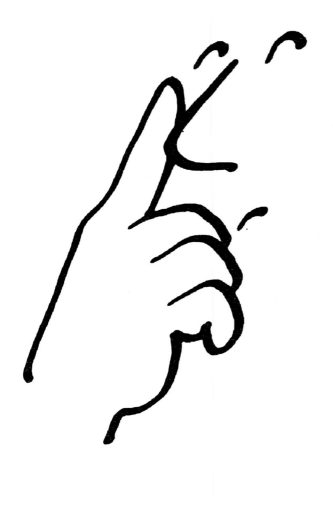

4

Kommunikations-Stile wählen

Die Art und Weise, wie wir sprechen und zuhören

Jede Kommunikation besteht aus zwei Teilen: dem Inhalt - *was* wir sagen, und dem Stil - *wie* wir es sagen. Beide Teile haben Einfluß darauf, wie die Botschaft beim Empfänger ankommt. Viele Menschen glauben jedoch, daß sie die Wirkung ihres Gesprächs einfach dadurch ändern können, indem sie das Thema wechseln.

Natürlich hat der Wechsel des Gesprächsthemas einen Einfluß auf das Gespräch. Den größten Einfluß hat jedoch der Wechsel des Kommunikations-Stils, d.h. wie Sie etwas sagen. Ihr verbaler und nonverbaler Stil hat Aufforderungscharakter: Er sagt dem Partner, wie er Ihre Botschaft aufnehmen soll - ob Sie Spaß machen oder es ernst meinen, ob Sie ärgerlich sind oder erfreut.

In ähnlicher Weise können Sie auch die Art des Zuhörens variieren. Die Art und Weise, wie Sie zuhören, hat einen deutlichen Einfluß auf die Qualität der Informationen, die Ihnen Ihr Gesprächspartner mitteilt.

Aus diesen Gründen ist das Ergebnis eines Gesprächs in hohem Maße von den Kommunikations-Stilen abhängig, die Sie verwenden. Die Art und Weise, wie Sie sprechen und zuhören, kann entweder den Gesprächsverlauf unterstützen oder stören. Der Kommunikations-Stil bringt außerdem Ihre Wertschätzungsgrundhaltung gegenüber sich selbst und dem anderen zum Ausdruck. Viele Mißerfolge in Gesprächen resultieren daraus, daß Kommunikations-Stile verwendet werden, die der Situation nicht angemessen sind.

Kommunikations-Stile

Die Art und Weise, wie Sie sprechen und zuhören, kann man in vier Stile unterteilen. Im folgenden werden diese vier Kommunikations-Stile vorgestellt. Jeder Stil setzt sich aus einem Gesprächs-Stil und einem Zuhör-Stil zusammen.

Jeder Stil beinhaltet typische Verhaltensweisen mit vorhersehbaren Auswirkungen auf den Gesprächsverlauf. Mit der richtigen Verwendung der Kommunikations-Stile haben Sie mehr Möglichkeiten, den Gesprächsverlauf gezielt in eine bestimmte Richtung zu lenken.

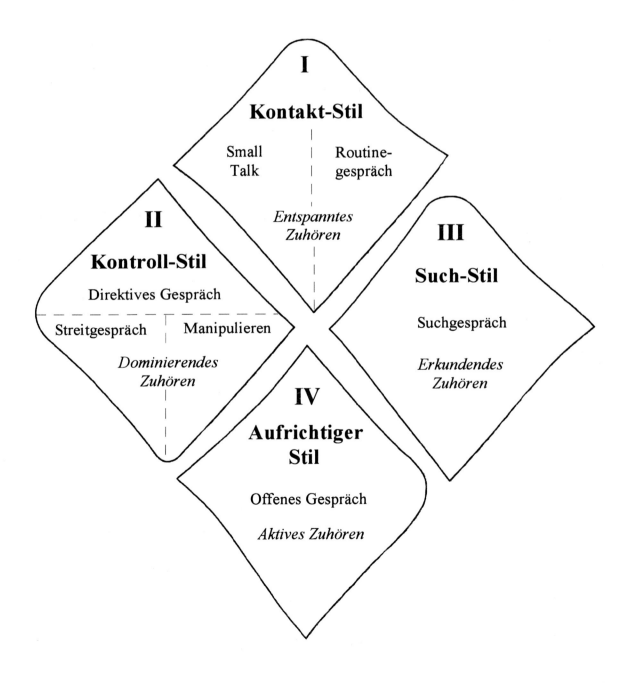

Stil I: Kontakt-Stil

Der Small Talk, das Routinegespräch und das Entspannte Zuhören

Der *Small Talk*, das *Routinegespräch* und das *Entspannte Zuhören* sind Formen eines geselligen Gesprächs, wo man am liebsten alles so lassen möchte, wie es ist und wo Informationen mit nur geringer Bedeutung ausgetauscht werden. Die Inhalte sind oberflächlich und in der Regel Allerweltsthemen.

Der Small Talk

Dieser freundliche, manchmal spielerische Stil hilft, daß alles seinen gewohnten Gang geht. Der *Small Talk* unterstützt den alltäglichen Umgang miteinander. Wenn Sie sich und andere entspannen und eine lockere Atmosphäre schaffen möchten, dann verwenden Sie den *Small Talk*. In diesem Stil beginnen und beenden Sie die meisten Gespräche - auch am Telefon - mit Ihrem Partner, Familie, Freunden, Vorgesetzten, Kunden und Fremden.

Im *Small Talk* verhalten Sie sich in einer angenehmen, freundlichen Weise und erkundigen sich nach dem Wohlbefinden Ihres Gesprächspartners. Sie vermeiden alles, was die Harmonie stören könnte. Derartige Gespräche drehen sich meist um das Wetter, Nachrichten, Sport, Hobbies, Familie, besondere Ereignisse oder andere Themen von allgemeinem Interesse.

Typische Beispiele für den Small Talk:

- *Begrüßungen und Abschiednehmen*: „Na, wie geht's?", „Also, bis später."
- *Plaudern*: „Wer glaubst Du, wird diesmal den Boxkampf gewinnen?"
- *Anekdoten erzählen*: „Sie glauben nicht, was mir gestern abend passiert ist: Als ich in mein Auto stieg..."
- *Nicht böse gemeinte Scherze*: „Also, Du hast wirklich keinen guten Einfluß auf mich!"
- *Kurze Informationen*: „Was hast Du heute so gemacht?"
- *Austausch aktueller Ereignisse*: „Michael hat heute angerufen. Er sagte, Claudia hat entbunden. Sie hat ein Mädchen bekommen."
- *Austausch von persönlichen Daten, Gewohnheiten, Gesundheit, Erscheinungsbild*: „Ich bin in Berlin aufgewachsen.", „Du bist ganz schön schlagfertig", „Ich trinke gerne Tee zum Frühstück", „Ich habe einen ziemlichen Muskelkater", „Ihnen fehlt ein Knopf an der Jacke."

Wirkung des Small Talk

Gespräche mit Ihrem Partner oder innerhalb der Familie, die im *Small Talk* geführt werden, demonstrieren eine grundsätzliche positive Wertschätzung füreinander. Indem Sie sich die Zeit nehmen, mit dem anderen zu plaudern und aktuelle Ereignisse auszutauschen, signalisieren Sie, daß Sie sich mögen, Interesse aneinander haben und gerne mit dem anderen zusammen sind, ohne direkt sagen zu müssen: „Ich mag Dich; ich genieße Deine Gesellschaft."

In unserer hektischen Welt sorgt der *Small Talk* für eine entspannte und erfrischende Atmosphäre im Umgang miteinander. Kleine Scherze können vorhandene Spannungen lösen; andererseits ist es jedoch schwierig, ein lockeres und entspanntes *Small Talk*-Gespräch mit jemanden zu führen, mit dem man ein ungelöstes Problem oder einen Konflikt hat.

Das Routinegespräch

Das *Routinegespräch* ist notwendig, um die alltäglich anfallenden Arbeiten erledigen zu können. Man konzentriert sich auf aufgabenbezogene Angelegenheiten, wie das Beschaffen von Informationen, die zur Erledigung von Aufgaben erforderlich sind. Während eines durchschnittlichen Tages kann es sehr viele solcher kurzen Routinegespräche geben, auf der Arbeit und auch zuhause.

Typische Beispiele für Routinegespräche:

- *Berichten*: „Daniel ist heute geimpft worden."
- *Angabe von Fakten*: „Die Butter ist um 20 Pfennig teurer geworden."
- *Nachfragen*: „Wann werden die Maler fertig sein?"
- *Terminplanung*: „Möchtest Du morgen nachmittag um 3 Uhr zum Kaffeetrinken vorbeikommen?"
- *Nachprüfen*: „Norbert, hast Du schon das Wasser abgedreht?"
- *Routine-Entscheidungen*: „Tobias füttert den Hund. Ich werde das Gepäck ins Auto einladen, während Du schon mal das Haus abschließt."
- *Nachrichten weitergeben*: „Dein Vater hat angerufen und gesagt, daß er auf dem Nachhauseweg die Fotos abholen wird."

Wirkung des Routinegesprächs

Während der *Small Talk* für eine ungezwungene Atmosphäre sorgt, hilft das *Routinegespräch*, die alltäglichen Arbeiten reibungslos abzuwickeln.

Kommunikations-Stile

Das Entspannte Zuhören

Wenn Sie mit anderen in einer lockeren, geselligen Weise in Kontakt treten wollen, dann verwenden Sie das *Entspannte Zuhören*. Beim *Entspannten Zuhören* verhalten Sie sich wie ein neugieriges Publikum, das offen ist für alles, was der Gesprächspartner anbietet. Sie zeigen grundsätzliches Interesse an den Themen, ohne jedoch zuviel Energien in das Gespräch zu investieren.

Auch wenn Sie sich zwar voll auf das Gespräch konzentrieren, sind Ihre Beiträge doch so, daß das Gespräch auf einer oberflächlichen Ebene bleibt - eben im *Small Talk* oder *Routinegespräch*. Ab und zu hören Sie vielleicht auch eher halbherzig, nur „mit einem Ohr" zu.

Typische Merkmale des Entspannten Zuhörens:

- nur teilweise Aufmerksamkeit
- flüchtiger Blickkontakt
- beiläufige Bestätigung von Botschaften
- sparsame Körpersprache
- gegenseitig akzeptiertes „ins Wort fallen"

Wirkung des Entspannten Zuhörens

Es macht häufig Spaß, anderen zuzuhören, wenn sie von sich und ihren Erlebnissen berichten. Das *Entspannte Zuhören* hält Sie über alltägliche Ereignisse und Themen auf dem laufenden. Während dieser Zuhör-Stil es Ihnen ermöglicht mit Ihrem Gespächspartner entspannt zu kommunizieren, ist Ihr emotionales Engagement eher gering, manchmal sogar oberflächlich und Sie wahren eine gewisse Distanz. Das *Entspannte Zuhören* ist nicht der Stil für intensive, ernsthafte Gespräche.

Manchmal kann dieser Zuhör-Stil Ungeduld oder sogar Ärger hervorrufen, wenn sich Ihr Partner größeres Engagement oder mehr persönliche Betroffenheit wünscht. Auf der anderen Seite kann dieser Gesprächs- und Zuhör-Stil stimulierend wirken, wenn Sie Ihren Gesprächspartner noch nicht gut kennen oder der Kontakt etwas verlorengegangen ist.

In jedem Fall ist dieser Zuhör-Stil aber zu eingeschränkt und zu wenig engagiert, um bei wichtigen und ernsthaften Themen zum Kern der Sache vorzudringen.

Kommunikations-Stil I: Kontakt-Stil

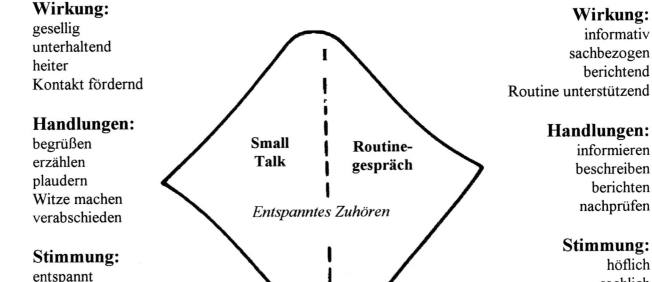

Wirkung:
gesellig
unterhaltend
heiter
Kontakt fördernd

Handlungen:
begrüßen
erzählen
plaudern
Witze machen
verabschieden

Stimmung:
entspannt
oberflächlich
locker

Stichworte:
Allerweltsthemen
aktuelle Ereignisse
Wetter
Hobbies

Wirkung:
informativ
sachbezogen
berichtend
Routine unterstützend

Handlungen:
informieren
beschreiben
berichten
nachprüfen

Stimmung:
höflich
sachlich
geschäftlich
freundlich

Stichworte:
wer
wo
was
wann

Stil II: Kontroll-Stil

Das Direktive Gespräch, das Streitgespräch, das Manipulieren und das Dominierende Zuhören

Beim Stil II geht es darum, Macht und Kontrolle über andere auszuüben, indem man versucht, Zustimmung zu erwirken oder ein Nachgeben zu erzwingen, oder indem man sich Veränderungen widersetzt. Mit diesem Stil will man sich durchsetzen, notfalls auch mit Druck. Bei diesem Stil, egal ob Sie sprechen oder zuhören, ist es immer der andere, den man ändern will, nie sich selbst.

Kommunikations-Stile

Es gibt in Stil II einen eher konstruktiven Unter-Stil, das *Direktive Gespräch*, und zwei eher negative, destruktive Unter-Stile, das *Streitgespräch* und das *Manipulieren*. Die meisten Botschaften im Stil II stammen aus dem Bereich der Gedanken und Interpretationen (wer hat Recht, wer hat Unrecht, was ist richtig, was ist falsch), sowie aus dem Bereich der Handlungen (was der andere tun oder nicht tun sollte).

Das Direktive Gespräch

Wenn Sie andere überreden, beraten oder in ihrem Verhalten steuern wollen, ist das *Direktive Gespräch* der richtige Stil. Verkaufen, Führen, Handeln, Beaufsichtigen, Lehren, Verteidigen, Predigen sind alles Beispiele für *Direktive Gespräche*.

Beispiele für das Direktive Gespräch:

- *Anordnen*: „Rufe gleich in der Werkstatt an, und sage ihnen, daß ich das Auto um 12 Uhr brauche."

- *Bewerten, beurteilen*: „Dein Zimmer hast Du nicht ordentlich aufgeräumt."

- *Konsequenzen aufzeigen, Grenzen setzen*: „Entweder Du bist bis um 9 Uhr zurück oder wir gehen ohne Dich fort."

- *Ratschläge erteilen, Lösungen vorschlagen*: „Du mußt Geduld haben mit Max. Du darfst ihn nicht unter Druck setzen. Mach doch folgendes:..."

- *Warnen*: „Sei vorsichtig mit der Kiste. Es ist etwas Zerbrechliches drin."

- *Suggestivfragen stellen*: „Glaubst Du nicht auch, daß..."

- *Überreden, verkaufen*: „Versuch's doch einmal. Es wird Dir gefallen!"

- *Für andere sprechen*: „Da wir alle Frühaufsteher sind, können wir uns bereits um 7 Uhr treffen."

- *Loben*: „Das hast Du sehr gut gemacht!"

- *Trösten*: „Mach' Dir keine Sorgen, das wird schon wieder."

Wirkung des Direktiven Gesprächs

In diesem Kommunikations-Stil übernehmen Sie Verantwortung, Führung und Initiative und können damit sehr effizient sein. Im positiven Fall werden Ihre Anweisungen akzeptiert und Sie erhalten Zustimmung. In seiner kurzen und druckvollen Art kann dieser Stil jedoch auch Mißverständnisse, Distanz und Spannungen erzeugen.

Die meisten Menschen akzeptieren es, geführt zu werden, wenn es ihnen nützlich erscheint. Es ist auch tatsächlich so, daß in Familien das Gefühl der Sicherheit und Geborgenheit verlorengeht, wenn Eltern zu wenig Führung und Verantwortung übernehmen. Die meisten Menschen möchten aber Informationen austauschen und an Entscheidungen mitwirken, die sie betreffen; niemand möchte herumkommandiert werden. Wenn das *Direktive Gespräch* der vorherrschende Kommunikations-Stil ist, kann das Widerstand und Ablehnung hervorrufen, was meist zu *Streitgesprächen* oder *Manipulieren* führt.

„Sage Alexander, er soll den Rasen mähen!" kann beispielsweise als eine routinemäßige Aufforderung verstanden werden, nicht aber im Falle eines wiederverheirateten Paares, das sich immer wieder darüber streitet, wessen Kind welche Aufgaben im Haushalt übernehmen soll. In diesem Fall könnte diese harmlos gemeinte Äußerung eine Antwort provozieren wie: „Erzähl mir nicht, was mein Sohn zu tun und zu lassen hat. Du schaffst es doch noch nicht einmal, Deine Tochter morgens zum Aufstehen zu bewegen!"

Wenn das *Direktive Gespräch* in Ihrer Beziehung häufig vorkommt, kann das ein Hinweis auf zunehmende Spannungen in Ihrem Zusammenleben sein. Bei einem excessiven Gebrauch dieses Stils kann man sogar vermuten, daß ein Streit provoziert werden soll. Andererseits kann Ihnen das Wissen, daß dieser Stil Spannungen signalisiert, als Warnsignal dienen, daß in Ihrer Partnerschaft etwas nicht stimmt. Sie können sich dann dafür entscheiden, in einen konstruktiveren Stil zu wechseln, der für Sie und Ihren Partner mehr bringt.

Das Streitgespräch

Das *Streitgespräch* hat das Ziel, Veränderungen zu erzwingen. Während ein Wort das andere gibt, laufen Ihre negativen Gefühle heiß. Der Ton Ihrer Stimme und Ihre Wortwahl signalisieren Frustration, Ärger und Spannungen. Die Sprache ist direkt, aggressiv, anklagend, manchmal beleidigend und häufig strafend.

Kommunikations-Stile

Das *Streitgespräch* ist meist eine Reaktion auf unklare oder enttäuschte Erwartungen, wie z.B. die Änderungen eines Plans, die Kürzung des Zeit- oder Geldbudgets oder das Nachlassen des Engagements, wenn dadurch beim Partner Ärger, Angst, Druck, Verzweiflung oder das Gefühl, überrumpelt worden zu sein, ausgelöst wird.

Beispiele für das Streitgespräch:

- *Fordern, befehlen*: „Mache es so, wie ich es gesagt habe, und frage nicht, warum!"
- *Schuld zuschreiben, tadeln, angreifen, beschuldigen*: „Warum hast Du das kaputtgemacht? Erzähle mir nicht, Du warst es nicht, ich habe es mit meinen eigenen Augen gesehen!"
- *Drohen*: „Sag' das noch einmal, und ich gehe."
- *Verurteilen*: „Du bist faul und unzuverlässig."
- *Beleidigen, Gebrauch von harten Worten*: „Du ißt wie ein Schwein."
- *Verteidigen*: „Meine Idee ist nicht dumm. Du bist bloß eifersüchtig, daß Du sie nicht hattest."
- *Verhören*: „Wo warst Du gestern um diese Zeit?"
- *Höhnisch, spöttisch, sarkastisch sein*: „Nie machst Du etwas richtig! Selbst wenn Du ein Gehirn hättest, könntest Du wahrscheinlich nichts damit anfangen."
- *Zynisch sein*: „Das Muttersöhnchen ist natürlich unfehlbar."
- *Moralisieren, belehren*: „So eine Einstellung solltest Du wirklich nicht haben."
- *Angeben*: „Als ich so alt war wie Du habe ich dreimal soviel gearbeitet."
- *Psychologisieren, Diagnosen aufstellen*: „Ich sage Dir, was wirklich Dein Problem ist: Du leidest unter Verfolgungswahn."
- *Schimpfwörter und ordinäre Ausdrücke verwenden*

Wirkung des Streitgesprächs

Wenn Sie diesen Stil verwenden, haben Sie meist die Kontrolle verloren, sind aus dem Gleichgewicht geraten und nicht in Kontakt mit Ihrer „Selbst-Bewußtheit". Sie greifen andere an und verteidigen sich. Sie verwenden böse Worte, die Sie später bereuen. Sie schaden sich selbst, Ihrem Partner und Ihrer Beziehung.

Beim *Streitgespräch* geht es immer um den anderen, nie um die eigene Person. Sie sind so aufgebracht, daß Sie Ihren eigenen Anteil und Ihrer Verantwortung bezüglich des Problems übersehen oder verdrängen. Darüber hinaus wird beim *Streitgespräch* die Person als Ganzes angegriffen und abgewertet und nicht nur ein bestimmtes Verhalten in Bezug auf ein Thema.

Beim *Streitgespräch* wird Feuer mit Feuer bekämpft. Sie handeln aufgrund Ihrer spontanen Wutgefühle und nicht aufgrund der tieferliegenden Gefühle wie Angst, Schmerz, oder Frustration.

Auch wenn ein Streitgespräch Energien freisetzt und so bei zähen Gesprächen zu einem Durchbruch verhelfen kann, so ist es doch nur kurzfristig erfolgreich, wenn dies zu häufig passiert. Die Suche nach guten, langfristigen Lösungen bei schwierigen Problemen in Ihrer Beziehung wird durch Streitgespräche eher behindert. Streitgespräche können sogar in psychische und physische Gewaltanwendung eskalieren und die Beziehung dauerhaft (zer-)stören.

Das *Streitgespräch* signalisiert Ihnen, daß Sie und Ihr Partner einem tieferliegenden Problem keine Beachtung schenken. Nehmen Sie sie zum Anlaß, gemeinsam mit Ihrem Partner nach den wahren Problemen zu suchen. Fragen Sie sich: „Was steckt hinter diesem Streitgespräch? Was sind meine Befürchtungen?"

Das Manipulieren

Beim *Manipulieren* wird Ärger und Frust nur indirekt ausgedrückt. Es signalisiert das Gefühl von Verletzungen oder Ablehnung. Menschen manipulieren dann, wenn sie für sich keine Möglichkeit sehen, die Situation direkt positiv zu beeinflussen.

Beim *Manipulieren* wird Macht aus der Position des Machtlosen ausgeübt und indirekt passiv-aggressiv Widerstand geleistet. Die Androhung des Rückzugs oder der Sabotage kann sehr wirkungsvoll sein. Es ist der Gipfel des Widerstands.

Das *Manipulieren* versucht, das Verhalten anderer von unten nach oben zu beeinflussen. Es ist häufig ein Ausdruck von Hilflosigkeit und Resignation. Es soll Schuldgefühle oder Beschämung erzeugen.

Beispiele für das Manipulieren:

- *Abschießen von „Giftpfeilen"*: „Wenn Sie so klug sind, dann tun Sie es doch."
- *Motzige Opferhaltung*: „Niemand fragt mich, ob ich mitkommen will."
- *Nörgeln*: „Ich muß Dir jedesmal sagen, daß Du die Schuhe ausziehen sollst, wenn Du ins Haus kommst."
- *Verzögern, verschleppen*: „Ich weiß, ich habe versprochen, es zu tun. Ich mache es, sobald ich Zeit dazu habe."
- *Jammern, quengeln*: „Warum muß ich immer die Drecksarbeit machen?"
- *Sich verweigern, verstummen*: Mit beleidigter Miene herumlaufen.
- *Informationen zurückhalten*: „Ich habe es Dir gerade gesagt. Wenn Du Dir das nicht merken kannst, ist das Dein Pech."
- *Sich aus der Verantwortung stehlen*: „Dies ist nicht mein Problem. Was geht das mich an?
- *Verleugnen*: „Ich bin nicht sauer. Wie kommst Du denn darauf?"
- *Beschwichtigen, nachgeben*: „Nein, wir machen es so, wie Sie es gesagt haben. Sie haben sicher recht."
- *Märtyrer/Opfer sein*: „Es war wahrscheinlich wieder meine Schuld. Ich hätte..."
- *Sich selbst abwerten*: „Das schaffe ich nie, dazu habe ich kein Talent."
- *Lästern, selbstgefällig sein*: „Wie kann man denn so etwas tun?"
- *Sünden aufzählen, Rache androhen*: „Ich werde nie vergessen, was Sie mir angetan haben. Das werden Sie noch bereuen."
- *Schwindeln/Lügen*: „Ich habe ihn gestern angerufen." (was nicht stimmt)

Wirkung des Manipulierens

Dieser Kommunikations-Stil vermittelt Selbstmitleid. Er kann entweder Ausdruck einer generellen persönlichen Unsicherheit sein, oder, was häufiger der Fall ist, eine zeitweise Reaktion auf ein spezielles Ereignis. Das *Manipulieren* verstärkt Konflikte, die unter der Oberfläche schwelen. Auf jeden Fall kostet dieser Stil viel Energien. Anstatt auf einen konstruktiven Umgang mit dem Konflikt umzuschalten, werden Energien vergeudet und Informationen zurückgehalten.

Langfristig schaden sich Menschen, die häufig das *Manipulieren* als Kommunikations-Stil einsetzen, selbst, indem sie ihre Macht, die sie auf diese Weise erhalten, mißbrauchen.

Das Dominierende Zuhören

Beim *Dominierenden Zuhören* ist die Beeinflussung des Gesprächspartners wichtiger als das Verstehen. Dieser Zuhör-Stil ist verschlossen gegenüber der Bewußtheit des Gesprächspartners. Sie hören nur solange zu, bis Sie genügend Gegenargumente gefunden haben. Dann unterbrechen Sie, um mit den eigenen Ansichten das Gespräch zu führen und zu steuern, mit dem Ziel, Zustimmung oder Einlenken zu erzwingen.

Während Ihr Gesprächspartner spricht, reagieren Sie innerlich und äußerlich auf das, was oberflächlich gesagt wurde. Anstatt richtig zuzuhören und Verständnis zu suchen, wird in Sekundenschnelle:

- gewertet (richtig/falsch, gut/schlecht, wahr/unwahr)
- ein Gegenargument gesucht
- versucht, die Führung des Gesprächs an sich zu reißen

Positiv betrachtet, kann Ihr Verhalten als wohlgemeinter Versuch gewertet werden, zu überzeugen, abzuraten oder den Sprecher zu beruhigen. In manchen Situationen kann Ihre Fähigkeit, mit einem Minimum an Information die Verantwortung zu übernehemen, hilfreich sein.

Andererseits hören Sie vielleicht auch nur zu, um Munition für einen Gegenangriff zu sammeln oder zur Verteidigung der eigenen Meinung. Das *Dominierende Zuhören* ignoriert, verdreht, verzerrt oder manipuliert das, was der Gesprächspartner sagt, mit dem Ziel, Zustimmung zu erzwingen. Der Zuhörer sammelt lediglich Information um sie zur Einschüchterung oder zur Vergeltung zu benutzen.

Kommunikations-Stile

Typische Merkmale des Dominierenden Zuhörens

- nur kurze Aufmerksamkeit
- häufige Unterbrechungen
- fixierender Blickkontakt (möglichst hart)
- angespannter Oberkörper
- negativer Tonfall
- ungeduldige Körpersprache
- auf Distanz gehen
- geschlossene/steuernde Fragen
- „Warum"-Fragen
- Gedankenlesen
- inneres Bewerten und Argumente sammeln
- häufiges Zuendeführen der Sätze des Gesprächspartners

Wirkung des Dominierenden Zuhörens

Das *Dominierende Zuhören* kann, wie auch das *Direktive Gespräch*, durchaus effektiv sein. In den meisten Fällen wertet der Zuhörer jedoch den Gesprächspartner ab, indem er ihm das Wort entreißt. Ein Kampf darüber, wer spricht und wer zuhört, entbrennt - Spannungen, Abwehrhaltung und Widerstand wachsen. Dieses Verhalten führt leicht zu Teilinformationen oder zu falschen, verzerrten und unpräzisen Informationen. Dadurch entstehen Mißverständnisse und eine Verschlechterung der Atmosphäre.

Obwohl dieser Zuhör-Stil einen Meinungsaustausch beleben kann, führt er doch häufig zu unfruchtbaren Machtkämpfen, die zu keinem guten Ergebnis oder einer Verbesserung der Beziehung beitragen.

Kommunikations-Stil II: Kontroll-Stil

Wirkung:
direkt
führend
strukturierend
effizient
überzeugend
bestärkend

Handlungen:
kontrollieren
bewerten
beurteilen
Ziele definieren
entscheiden
loben
anordnen
helfen

Stimmung:
kraftvoll
patriarchalisch
bestimmt

Wirkung:
Konkurrenz
Spannungen
Eskalation

Handlungen:
beschuldigen
drohen
beleidigen
verletzen
bohrend fragen
einschüchtern
kommandieren
angreifen
bluffen
lügen

Stimmung:
aggressiv
arrogant
zynisch
kalt, abweisend

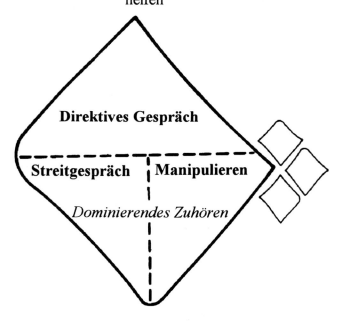

Direktives Gespräch

Streitgespräch | Manipulieren

Dominierendes Zuhören

Stichworte:
Warum-Fragen
immer
nie
jeder
Du-Aussagen
sollte
müßte
Verallgemeinerungen

Wirkung:
Hilflosigkeit
Resignation
Mitleid

Handlungen:
jammern
sich abwerten
sich rechtfertigen
entschuldigen
vermeiden
motzen
sticheln
verweigern
zurückziehen

Stimmung:
lethargisch
depressiv
rebellisch
trotzig

Stil III: Such-Stil

Das Suchgespräch und das Erkundende Zuhören

Das *Suchgespräch* und das *Erkundende Zuhören* werden bei allen schwierigen, unklaren, komplexen und nicht alltäglichen Themen und Aufgaben benötigt. Es ist eine sachliche, nüchterne, rationale und objektive Vorgehensweise, um sich einen Überblick zu verschaffen, Tatsachen zu überprüfen, Möglichkeiten zu erörtern und Ideen zu entwickeln. Dieser Stil ist gut dafür geeignet, sich mit einer etwas größeren Distanz einen Gesamteindruck und einen Überblick über die Zusammenhänge eines bestimmten Themas zu verschaffen.

Das Suchgespräch

Das *Suchgespräch* hat einen unverbindlichen Charakter. Sie können es anwenden, um Ursachen zu analysieren, Lösungen zu suchen und Möglichkeiten (Szenarien) durchzuspielen, ohne sich gleich für eine bestimmte Richtung zu entscheiden. Das *Suchgespräch* bezieht sich mehr auf Vergangenes (Ursachen) oder Zukünftiges (Ideen), weniger auf die Gegenwart. Es ist ein sicherer Weg ohne Risiko, um durch das Zusammentragen vieler Informationen und das Erörtern offener Fragen Lösungsmöglichkeiten durchzuspielen.

Beispiele für das Suchgespräch:

- *Probleme identifizieren*: „Ich frage mich, ob wir uns zu sehr von Terminen verplanen und einengen lassen."
- *Wichtige Informationen austauschen*: „Wir benutzen gemeinsam insgesamt 6 Kreditkarten und haben 4 Bankkonten."
- *Ursachen analysieren*: „Vielleicht bist Du deswegen abends so müde, weil Du sowenig Sport treibst."
- *Eindrücke, Erklärungen abgeben*: „Ich glaube, wir gehen zu häufig auswärts zum Essen."
- *Interpretieren*: „Der Anruf von Mutter könnte bedeuten, daß ihr der Streit leid tut."
- *Lösungsmöglichkeiten suchen (Brainstorming)*: „Vielleicht könnten wir die Zeit finden, jeden zweiten Tag zu joggen oder zweimal die Woche Tennis zu spielen."
- *Möglichkeiten abwägen*: „Angenommen, Du würdest im Herbst wieder zur Schule gehen, glaubst Du, das würde diesmal klappen?"

Wirkung des Suchgesprächs

Das *Suchgespräch* ist sehr hilfreich, um den Druck zu verringern und den Informationsfluß zu erhöhen. Wenn Sie Informationen zusammentragen, ohne Vorwürfe zu machen, haben Sie den Kopf frei, um das Problem gründlich zu analysieren und zu klären, wichtige Hintergrundinformationen zu sammeln und Lösungsmöglichkeiten zu entwickeln. So wird das *Suchgespräch* ein Sammelbecken für Ideen, aus dem man dann die besten Möglichkeiten und Lösungen herausfischen kann.

Dieser Stil, der frei von Anklagen und von Bewertungen ist, gibt beiden Gesprächspartnern die Chance, angehört zu werden. Dennoch bleibt das *Suchgespräch* oft an der Oberfläche und kommt nicht zum Kern des Problems. Da dieser Stil unverbindlich ist, bleiben wichtige Informationen (z.B. über Gefühle und persönliche Wünsche) ausgeklammert. Es werden in diesem Stil keine Entscheidungen getroffen. So können Frustrationen entstehen, weil Probleme nicht gelöst werden.

Spekulieren, theoretisieren und Ursachensuche können leicht dazu führen, daß das Problem in der Schwebe gehalten wird - eine sehr intellektuelle Art, Problemlösungen zu vermeiden. Niemand übernimmt die Verantwortung dafür, daß konkrete Maßnahmen ergriffen werden. Den größten Erfolg hat man, wenn man das *Suchgespräch* mit dem nächsten Kommunikations-Stil, dem *Aufrichtigen Stil*, kombiniert. Damit kommen Sie zum Kern des Problems und treffen Entscheidungen.

Das Erkundende Zuhören

Das *Erkundende Zuhören* wird bei allen komplexen und nicht routinemäßigen Themen verwendet. In diesem Stil stellen Sie offene Fragen, um Hintergrundinformation zu sammeln - Daten, Fakten und Vermutungen zur Ursache des Problems genauso wie Lösungsideen.

Wenn Sie dieses Zuhörverhalten zeigen, signalisieren sie, daß Sie ernsthaft daran interessiert sind, zu erfahren, was der Partner über ein bestimmtes Thema denkt. Sie möchten die Sichtweise des anderen kennenlernen, Ihr Wissen erweitern, Mißverständnisse klären, und Unklarheiten beseitigen.

Typische Merkmale des Erkundenden Zuhörens:

- erhöhte Aufmerksamkeit
- offene, dem Partner zugewandte Körperhaltung

Kommunikations-Stile

- Blickkontakt
- offene Fragen

Auswirkungen des Erkundenen Zuhörens

Das *Erkundende Zuhören* baut Druck ab, indem es eine Diskussion in Gang bringt. Durch die für diesen Stil typischen offenen Fragen wird im Unterschied zum *Dominierenden Zuhören* die Qualität der Information verbessert.

Offene Fragen können hilfreich sein, um das Gespräch zu strukturieren, wenn jemand zu lange oder zu ausschweifend über ein Thema redet. Sie sind auch hilfreich, um ein Gespräch in Gang zu bringen, wenn der Partner zu wenig redet.

Das *Erkundende Zuhören* hat allerdings auch seine Grenzen. Erstens neigen viele Menschen dazu, sich zu sehr auf Sinnesdaten, Gedanken und Handlungen zu konzentrieren und übersehen dabei die Gefühle und Wünsche. Damit erhält das Gespräch einen vorsichtigen, unpersönlichen Charakter. Zweitens strukturieren die offenen Fragen das Gespräch. Unbeabsichtigt kann so die Führung des Gesprächs vom Sprecher zum Zuhörer übergehen. Die Fragen engen dann auf einmal das Gespräch ein, anstatt es offen zu halten.

Kommunikations-Stil III: Such-Stil

Wirkung:
Überblick
flexibel
optional
kreativ
analytisch
erweiternd
rational

Stimmung:
nüchtern
sachlich
vernünftig
unverbindlich
phantasievoll
vorsichtig

Handlungen:
ergründen
Ideen sammeln
analysieren
spekulieren
hinterfragen
theoretisieren
informieren
zitieren
Ursachen suchen

Stichworte:
Fragen
vielleicht
wahrscheinlich
wenn...dann...
wie kommt es....
eventuell
Vergangenheit
Zukunft
warum (ohne Schuldzuweisung)

Stil IV: Aufrichtiger Stil

Das Offene Gespräch und das Aktive Zuhören

Das *Offene Gespräch* und das *Aktive Zuhören* beginnen dort, wo die anderen Kommunikations-Stile ausgeschöpft sind. Mit Hilfe dieses Stils kommen Sie zum Kern des Problems. Sie verwenden die sechs Gesprächsfertigkeiten, die den Gesprächspartner über die Dinge informieren, die in den anderen Stilen unerwähnt bleiben - insbesondere Ihre Gefühle und Ihre Wünsche.

Ebenso verwenden Sie die Zuhörfertigkeiten, mit denen Sie sich in den anderen hineinversetzen und voll und ganz verstehen können. Der Zweck dieses Stils ist es, *Kontakt* zu sich selbst und dem Gesprächspartner herzustellen. Ihr Ziel besteht darin, die Beziehung zu stärken, nicht sie zu zerstören. Sie tun dies, indem Sie sich *selbstbewußt und selbstverantwortlich verhalten*, anstatt *andere zu dominieren oder zu manipulieren*.

Das Offene Gespräch

Das *Offene Gespräch* baut auf volle Bewußtheit - Ihre eigene und die Ihres Partners. Sie orientieren sich am Hier und Jetzt. Während des Gesprächsablaufs bearbeiten Sie Spannungen und Differenzen vollständig und einvernehmlich, ohne gegenseitige Schuldzuweisungen, Rechtfertigungen, Forderungen oder Tricks. Das *Offene Gespräch* unterstützt Sie dabei, Themen in effektiver Weise zu bearbeiten - um gemeinsam Entscheidungen zu treffen, mit denen beide Partner zufrieden sind.

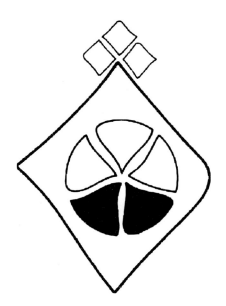

Kommunikations-Stile

Im *Offenen Gespräch...*

- ...machen Sie sich Ihr eigenes Erleben, wie auch das Ihrer Gesprächspartner bewußt - Ihre Sinneswahrnehmungen, Gedanken, Gefühle, Wünsche und Handlungen
- ...akzeptieren Sie das, was ist, und was gerade vor sich geht und gehen konstruktiv damit um, anstatt es zu unterdrücken, zu leugnen oder davor wegzulaufen
- ...agieren Sie „selbst-bewußt", anstatt zu reagieren.

Beim *Offenen Gespräch* wenden Sie alle Gesprächfertigkeiten an, um Ihre Bewußtheit mitzuteilen: Selbstverantwortlich sprechen; Sinnesdaten beschreiben; Gedanken mitteilen; Gefühle äußern; Absichten, Ziele und Wünsche mitteilen; Über Handlungen sprechen und entscheiden.

Beispiele für das Offene Gespräch:

- *sich auf das Problem konzentrieren*: „Was ich momentan erlebe, ist folgendes:..."
- *Spannungen bemerken*: „Ich bin im Moment ziemlich frustriert."
- *Differenzen erkennen*: „Ich glaube, wir haben momentan noch eine unterschiedliche Meinung über diesen Lösungsansatz."
- *Feedback erbitten*: „Hast Du irgend etwas an mir bemerkt, was dazu geführt haben könnte, daß Franz plötzlich ärgerlich wurde?"
- *Feedback geben*: „Du sprichst sehr leise. Ich kann Dich nur sehr schwer verstehen."
- *Dank ausdrücken*: „Danke, daß Du mich bei der anstrengenden Diskussion mit den Kindern unterstützt hast."
- *Wirkung einer Nachricht mitteilen*: „Als Du sagtest, mein Lösungsvorschlag wäre schlecht, hat mich das ziemlich verunsichert."
- *Unsicherheit und Schwächen zugeben*: „Ich fühle mich manchmal nicht so zuversichtlich, wie ich mich gerne gebe."
- *Wünsche mitteilen*: „Ich möchte gerne ungestört telefonieren! Könntest Du die Musik bitte leiser stellen?"
- *Verantwortung für das eigene Verhalten übernehmen*: „Du hast recht. Ich habe Dir nicht richtig zugehört. Ich habe angenommen, ich wüßte, wie Du fühlst und habe über Lösungen nachgedacht, anstatt Dir zuzuhören."
- *Um Verzeihung bitten*: „Ich glaube, ich habe Dich vorhin verletzt, als ich Dich unterbrochen habe. Das tut mir leid. Es wird nicht wieder vorkommen."
- *Unterstützung geben*: „Ich werde Deine Entscheidung unterstützen."

Wirkung des Offenen Gesprächs

Dieser Stil ist ein sehr mächtiger Stil, solange Sie damit keine Macht ausüben wollen. (Sobald Sie den *Aufrichtigen Stil* dazu mißbrauchen, Macht auszuüben, wechseln Sie in den Kontroll-Stil und werden dadurch letztlich Macht verlieren.) Das *Offene Gespräch* wird in einer friedlichen Atmosphäre stattfinden, auch wenn das Thema kontrovers und schwierig ist, solange Sie beabsichtigen, Verständnis und Kooperation zu bewirken, statt Macht und Kontrolle auszuüben.

Beim *Offenen Gespräch* sind Sie stark und trotzdem sensibel, fest und trotzdem flexibel, verantwortungsbewußt ohne zu dominieren. Die Stärke dieses Stils resultiert daraus, daß Sie mit offenen Karten spielen und ohne Tricks und Druckmittel kommunizieren. Wenn Sie Ihre eigene Bewußtheit mitteilen und gleichzeitig die Ihres Partners ergründen, erkennen Sie sich beide als Autorität auf der Basis Ihrer jeweiligen persönlichen Erfahrungen an.

Das *Offene Gespräch* birgt jedoch ein Risiko. Wenn Sie sich öffnen und mehr von sich mitteilen, vergrößern Sie die Handlungsoptionen Ihres Partners. Die Informationen, die Sie Ihrem Gesprächspartner offen und ehrlich mitgeteilt haben, kann dieser konstruktiv oder destruktiv nutzen. Das kann dazu führen, daß Sie sich entweder gegenseitig annähern oder sich voneinander entfernen. Sie machen sich auf jeden Fall verletzbar. Normalerweise zieht aber die eigene Offenheit auch die Offenheit des Partners nach sich und führt zu einem tieferen Verständnis füreinander und zu einer Verbesserung der Beziehung. Es kann aber auch vorkommen, daß eine Beziehung auseinander geht, wenn die Partner offen miteinander sprechen.

Meistens führt das *Offene Gespräch* zu einem positiven Gesprächsverlauf. Wenn die Gesprächspartner sich gegenseitig ihre wirklichen Gedanken und Gefühle zu einem Thema offen mitteilen ohne dabei Repressalien zu erleben, fördert dies das gegenseitige Vertrauen. Sie beenden das Gespräch mit einem guten Gefühl gegenüber sich selbst und Ihrem Partner, weil jeder den Standpunkt des anderen verstanden hat und sie erlebt haben, daß Sie selbst verstanden und akzeptiert wurden.

Vorsicht: Versuchen Sie nicht den offenen Gesprächs-Stil anzuwenden, wenn Ihre Einstellung zum anderen nicht wirklich aufrichtig und partnerschaftlich ist. Ihr Gesprächspartner wird die Unstimmigkeit in Ihrem Verhalten spüren und Ihnen mißtrauen. Wenn Sie die Führung in einer bestimmten Angelegenheit übernehmen wollen (was Verhalten im Stil II ist), so sagen Sie es. Wenn Sie Ihre Absicht offenlegen, tun Sie das im aufrichtigen Kommunikations-Stil, der dem anderen die Möglichkeit gibt, Ihnen zu folgen oder nicht.

Kommunikations-Stile

Bedenken Sie, daß das *Offene Gespräch* kein „Allheilmittel" ist. Es ist keine Garantie dafür, daß Sie alles erreichen, was Sie sich wünschen. Es zeigt jedoch Ihre Bereitschaft für eine offene Vorgehensweise.

Das Aktive Zuhören

Der schnellste Weg, jemand anderen bezüglich eines Themas voll und ganz zu verstehen, ist aktiv zuzuhören. Lassen Sie Ihren Partner seine Bewußtheit ausdrücken, wo auch immer Sie das hinführt. Wenn Sie aktiv zuhören, denken Sie nicht über Gegenargumente nach, bewerten Sie nicht, oder lenken den anderen nicht von seinem Thema ab. Stattdessen stellen Sie Ihre eigenen Themen vorübergehend zurück und folgen dem, was der andere sagt - Sie versuchen sich in den anderen hineinzuversetzen. Das ist der sicherste Weg um Spannungen abzubauen, Kontakt herzustellen und Vertrauen zu stärken.

Wenn Sie aktiv zuhören, signalisieren Sie Ihrem Partner positive Wertschätzung und Respekt, indem Sie versuchen, zu erfahren und zu verstehen, was ihn gerade beschäftigt.

Das *Aktive Zuhören* setzt sich in erster Linie aus vier der fünf Zuhörfertigkeiten zusammen: Aufmerksamkeit zeigen; Botschaften bestätigen; Um mehr Informationen bitten; Zusammenfassen. (Die fünfte Fertigkeit „Gezielt fragen und klären" gehört eher zu dem *Erkundenden Zuhören* im Kommunikations-Stil III.)

Typische Merkmale des Aktiven Zuhörens:

- ruhiger Blickkontakt
- ruhige, widerspiegelnde Körperhaltung
- aufmerksames Verhalten
- Botschaften bestätigen
- einladende Fragen und Bemerkungen
- Zusammenfassungen

Wirkung des Aktiven Zuhörens

Die Anwendung der Zuhörfertigkeiten mit dem Ziel, den Gesprächspartner zu verstehen (auch wenn Sie nicht notwendigerweise dem zustimmen müssen, was Sie hören), schafft eine vollständige und genaue Informationsbasis. Ihr Partner wird durch dieses Verhalten als Person aufgewertet. Zusätzlich erwerben Sie mit dem *Aktiven Zuhören* einen Anspruch darauf, daß Ihr Gesprächspartner Ihnen später auch aufmerksam zuhört, wenn das Thema einen Dialog erfordert.

Kommunikations-Stil IV: Aufrichtiger Stil

Wirkung:
vertrauensbildend
Verbindlichkeit
Wertschätzung
Respekt
Kooperation
eindeutig
ebenbürtig

Handlungen:
beobachten
reflektieren
antworten
Gefühle zeigen
Absichten äußern
entscheiden
vereinbaren
zuhören
zusammenarbeiten

Stimmung:
konzentriert
engagiert
ernsthaft
sensibel
aufmerksam

Stichworte:
Ich-Botschaften
Gegenwart
Verträge
Wünsche
Selbstverantwortung
Wertschätzung

Offenes Gespräch

Aktives Zuhören

Informationen mitteilen und erhalten

Wenn Sie im *Such-Stil* und im *Aufrichtigen Stil* sprechen, wird die Qualität der Informationen, die Sie Ihrem Partner mitteilen, der Informationswert, immer mehr anwachsen. Wenn Sie erkundend und aktiv zuhören, werden Sie ebenso die Qualität der Informationen, die Sie erhalten, verbessern. Die Anwendung der Gesprächsfertigkeiten und der Zuhörfertigkeiten führt Sie zu diesen Kommunikations-Stilen. Dadurch verbessert sich Ihr Verständnis füreinander, wird das Vertrauen gestärkt und Ihre Beziehung bereichert.

Gemischte Botschaften

Gemischte Botschaften entstehen, wenn irgend ein Stil durch Verhaltensweisen des Stils II unterwandert wird. Dabei wird ein Teil der Botschaft in den Stilen I, III, oder IV mitgeteilt, aber unterschwellig wird eine weitere Botschaft aus dem Stil II miteingefügt, die zum ersten Teil meistens in einem gewissen Widerspruch steht.

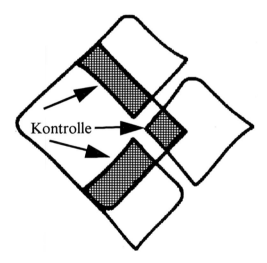

Gemischte Botschaften sorgen für Verwirrung, da der Empfänger nicht weiß, auf welchen Teil der Botschaft er reagieren soll. Gemischte Botschaften erzeugen Mißtrauen und Widerstand. Falls der widersprüchliche Teil Elemente aus dem *Streitgespräch* oder dem *Manipulieren* beinhaltet, wird meist nur der negative Aspekt empfangen.

Obwohl in manchen Situationen gemischte Botschaften als Spaß und Spielerei empfunden werden können, sind sie dennoch problematisch. Angenommen, jemand vermischt einen *Small Talk* mit *Streitgespräch* und sagt zu Ihnen: „Dafür, daß Du nicht mal das Abitur geschafft hast, bist Du ganz schön clever!", welche Botschaft kommt dann bei Ihnen an? Empfinden Sie es als Kompliment oder als Beleidigung? Falls Sie es als Kompliment auffassen, könnten Sie als naiv angesehen werden. Falls Sie es als Beleidigung ansehen, könnte es der Gesprächspartner abstreiten und Ihnen vorwerfen: „Kannst Du einen Witz nicht vertragen?"

Die meisten gemischten Botschaften entstehen daraus, daß keine Übereinstimmung zwischen dem Gefühl und dem, was gesagt wird, besteht - oder aus schwelenden, nicht bearbeiteten Konflikten. Es gibt unterschiedliche Formen vermischter Botschaften:

- *Unterstellungen*: „Ich würde Dir ja sagen, wie es mir geht, wenn Dich das nur wirklich interessieren würde."
- *Ja, aber*: „Ich stimme dem zu, was Du sagst, aber es ist keine gute Idee."
- *Angebot mit Bedingungen*: „Ich werde Dich liebevoll behandeln, aber erst nachdem Du mich liebevoll behandelst."
- *Heiß-Kalt-Dusche (positiv-negativ)*: „Dein Aufsatz ist Dir wirklich gut gelungen. Du hast aber auch ewig dafür gebraucht."

Auch eine Reihe von körpersprachlichen Signalen weisen auf gemischte Botschaften hin. Dazu gehört ein charakteristischer Tonfall, wie z.B. barsch, jammernd, ironisch oder fordernd, sowie Gesichtsausdrücke, die im Gegensatz stehen zu dem Wortlaut der Botschaft: z.B. wenn sich jemand über etwas beschwert und dabei grinst. Achten Sie auf diese Diskrepanzen in Gesprächen, beim Sprechen und beim Zuhören.

Die effektivste Art, auf gemischte Botschaften zu reagieren ist, beide Botschaften in eigenen Worten zusammenzufassen, und den Sender zu fragen, welchen Teil er wirklich meint.

Wenn Sie sich selbst dabei ertappen, daß Sie ungewollt gemischte Botschaften senden, dann machen Sie sich Ihre Wünsche und Gefühle bewußt, und teilen Sie sie im *Aufrichtigen Stil* mit.

Konfliktbewältigung und Kommunikations-Stile

Erinnern Sie sich an Kapitel 3, wo wir beschrieben haben, wie Menschen mit Problemen unterschiedlich umgehen: den Konflikt vermeiden; den anderen überreden (Sieg oder Niederlage); das Problem in der Schwebe halten; Kompromißbereitschaft zeigen; oder kooperieren. Der Umgang mit Problemen und der Kommunikations-Stil hängen eng miteinander zusammen. Der Kommunikations-Stil, der verwendet wird, bestimmt den Konfliktlösungsprozeß.

Konfliktlösung (Prozeß)	Kommunikations-Stile
Vermeiden	**Kontakt-Stil** Small Talk/Routinegespräch *Entspanntes Zuhören*
Überreden *Sieg/Niederlage*	**Kontroll-Stil** Direktives Gespräch/Manipulieren Streitgespräch *Dominierendes Zuhören*
In der Schwebe halten	**Such-Stil** Suchgespräch *Erkundendes Zuhören*
Kompromißbereitschaft zeigen	
Kooperieren (Konsens)	**Aufrichtiger Stil** Offenes Gespräch *Aktives Zuhören*

Wenn Sie im Stil I (Kontakt-Stil) beiben, neigen Sie dazu, Probleme zu vermeiden. Im Stil II (Kontroll-Stil) versuchen Sie, den Partner zu überreden. Falls Sie nur den Stil III (Such-Stil) verwenden, halten Sie den Konflikt in der Schwebe. Wenn Sie etwas vom aufrichtigen Stil IV hinzufügen, zeigen Sie Kompromißbereitschaft. Mit dem aufrichtigen Stil IV schließlich (in Kombination mit dem Stil III), kooperieren Sie, um eine einvernehmliche Lösung zu erreichen (z.B. wenn Sie die Strategie zur Problemlösung anwenden).

Wenn Sie sich über die Stile bewußt sind, haben Sie die Möglichkeit, durch bewußtes, gezieltes Wechseln des Kommunikations-Stils den Gesprächsverlauf zu beeinflussen. Sie können sich entscheiden, ob Sie zielorientiert aktiv sein wollen, statt passiv oder vergangenheitsorientiert. Und Sie können eine positive, konstruktive Vorgehensweise wählen, anstelle einer negativen.

Verwenden Sie alle Kommunikations-Stile

Gesprächssituationen kann man nicht in einem einzigen Stil bewältigen. Jeder Stil verfolgt eine bestimmte Absicht und kommuniziert etwas anderes. Der Schlüssel für eine gute Kommunikation heißt Flexibilität - d.h. in der Lage zu sein, situations- und rollengerecht den richtigen Stil einzusetzen und nicht in einem Stil hängenzubleiben. So kann beispielsweise der *Aufrichtige Stil* bei einem Stehempfang oder bei einem ähnlichen gesellschaftlichen Ereignis unpassend sein und Irritationen verursachen. Aber in Situationen, in denen ein Problem oder ein Konflikt gelöst werden muß, können Sie eine mögliche Streiterei verhindern, wenn Sie den *Aufrichtigen Stil* und *Aktives Zuhören* einsetzen

Es ist Ihre persönliche Entscheidung, welchen Stil Sie verwenden. Achten Sie dabei auf Ihre Wertschätzungsgrundhaltung - sich selbst und Ihrem Partner gegenüber.

Beobachtungsbogen

Kommunikations-Stile

Anleitung: Notieren Sie in der folgenden Tabelle Worte oder Sätze (für ein späteres Feedback), die einen bestimmten Kommunikations-Stil anzeigen. Notieren Sie auch nonverbales Verhalten.

	Partner 1	Partner 2
I. Small Talk Routinegespräch *Entspanntes Zuhören*		
II. Direktives Gespräch Streitgespräch Manipulieren *Dominierendes Zuhören*		
III. Suchgespräch *Erkundendes Zuhören*		
IV. Offenes Gespräch *Aktives Zuhören*		

Copyright © 1998 by ICP, Inc., Denver, Colorado, USA und inkom M. u. G. Drescher, Schweinfurt, Deutschland

Kommunikations-Stile

Anleitung: Überlegen Sie, welche Kommunikations-Stile Sie und Ihr Partner während einer Unterhaltung verwenden. Schätzen den ungefähren prozentualen Zeitanteil jedes Stils an Ihrem Gespräch.

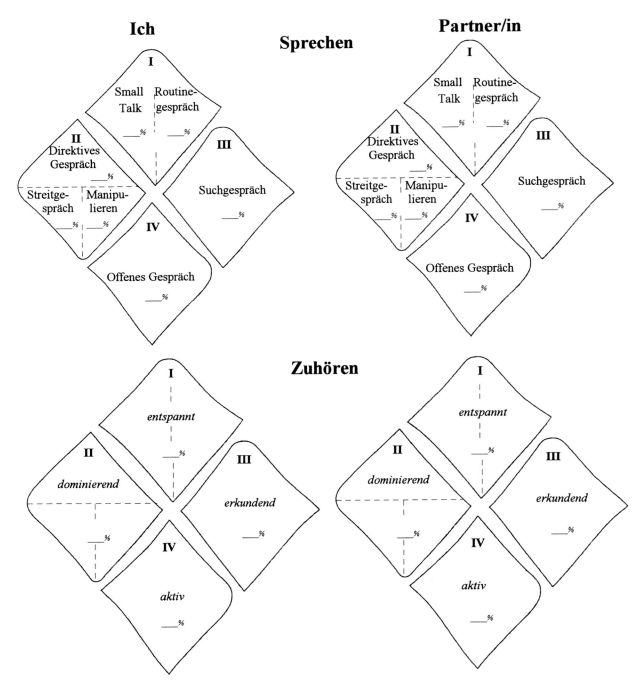

1. Vergleichen und diskutieren Sie Ihre Einschätzung mit Ihrem Partner.

2. Wählen Sie die Stile aus, die Sie öfter oder weniger oft anwenden wollen.

Beobachten und Coachen eines Gesprächs in den Kommunikations-Stilen III und IV

Beobachten:

Achten Sie auf:
- Stil III, *Suchgespräch* und *Erkundendes Zuhören*: vorsichtig, spekulativ, erkundende offene Fragen, Gedanken und Theorien mitteilen, Ursachen erforschen
- Stil IV, *Offenes Gespräch* und *Aktives Zuhören*: klare, direkte, gezielte Kommunikation, Mitteilung von Gefühlen und Wünschen, Anwendung der Gesprächs- und Zuhörfertigkeiten

Coachen:

- Wenn Sie den Eindruck haben, daß das Gespräch von einer Ideensuche, einer Ursachensuche oder mehr Informationen profitieren könnte, dann ermutigen Sie die Gesprächspartner zur Verwendung von offenen Fragen, Gedanken- und Ideenäußerungen.
- Wenn Sie den Eindruck haben, daß für das Gespräch mehr Offenheit oder Klarheit förderlich wäre, dann ermutigen Sie zur Mitteilung von Sinneswahrnehmungen, Gedanken, Gefühlen, Wünschen und Handlungen, sowie zur Verwendung der Zuhörfertigkeiten: Aufmerksamkeit zeigen; Botschaften bestätigen; Um mehr Informationen bitten; Zusammenfassen; und Gezielt fragen und klären.

Ein Gespräch in den Kommunikations-Stilen III und IV

Im folgenden sind noch einmal die Gesprächs- und Zuhörfertigkeiten aufgeführt, die in dem Paar-Kommunikationsprogramm *„Wir verstehen uns!"* vermittelt werden:

Gesprächsfertigkeiten	Zuhörfertigkeiten
Selbstverantwortlich sprechen	Aufmerksamkeit zeigen
Sinnesdaten beschreiben	Botschaften bestätigen
Gedanken mitteilen	Um mehr Informationen bitten
Gefühle äußern	Zusammenfassen
Absichten, Ziele, Wünsche mitteilen	Gezielt fragen und klären
Über Handlungen sprechen	

Anleitung: Beobachten Sie die Verwendung der Gesprächs-und Zuhörfertigkeiten bei Ihrem Gesprächspartner. Notieren Sie Stichworte oder kurze Sätze (für das spätere Feedback), die die eindeutige Verwendung der Skills belegen. Ordnen Sie die Skills den richtigen Kommunikations-Stilen (III oder IV) zu.

Gesprächsfertigkeiten	Zuhörfertigkeiten
_____	_____
_____	_____
_____	_____
_____	_____
_____	_____

Der Wechsel von Kontroll-Stil in den Aufrichtigen Stil

Jede der folgenden neun Aussagen ist ein Beispiel für den Kontroll-Stil (Streitgespräch oder Manipulieren). Verwenden Sie die darunterliegende Zeile, um die Aussagen im Aufrichtigen oder im Such-Stil zu formulieren.

1. „Du hilfst nie mit, immer muß ich alles alleine machen. Du bist ein Egoist."

___

2. „Du kommst immer zu spät. Kannst Du denn nie pünktlich sein?"

___

3. „Sei doch nicht albern. Werde endlich erwachsen."

___

4. „Natürlich werden wir das tun, was Du sagst, Du hast ja immer recht." (ironischer Tonfall)

___

5. „Wenn ich so klug wäre wie Du, hätte ich den Fehler sicher selbst bemerkt."

___

6. „Du machst nie den Mund auf, wenn wir unter Leuten sind. Jeder glaubt, Du bist dumm."

___

7. „Nein, ich bin nicht sauer, wie kommst Du denn darauf?"

___

8. „Niemand beachtet mich."

___

9. „Du bist egoistisch und rücksichtslos."

___

Einige mögliche Aussagen im Aufrichtigen Stil:
1. „Ich fühle mich momentan überfordert und brauche Deine Hilfe. Könntest Du mir helfen?"
2. „Ich bin verärgert und frustriert, wenn Du nicht zur verabredeten Zeit kommst."
3. „Ich denke, wenn Du Dich anders verhalten würdest, würdest Du mehr Selbstverantwortung demonstrieren."
4. „Ich bin nicht Deiner Meinung. Können wir über eine Alternativen reden?"
5. „Ich habe den Fehler nicht bemerkt."
6. „Ich fühle mich unwohl, wenn ich feststelle, daß Du so schweigsam bist."
7. „Ja, ich bin sauer. Ich fühle mich nicht ernstgenommen."
8. „Ich wünschte, Du hättest mehr Zeit für mich."
9. Ich finde, Du mißachtest oft die Interessen anderer. Zum Beispiel..."

Die Verwendung der Kommunikations-Stile mit Kindern oder Kollegen

Anleitung: Erinnern Sie sich an einige Situationen in der letzten Zeit, wo Sie mit Kindern, Jugendlichen oder Kollegen zusammen waren. Sie haben einen der vier Kommunikations-Stile benutzt und es hat sich bei Ihnen plötzlich ein ungutes Gefühl bezüglich des Gesprächs entwickelt. Was war Ihre Absicht in dem jeweiligen Gespräch? Welche Gesprächsatmosphäre hat sich entwickelt und was war das Ergebnis?

Vergangene Situation (oder Thema)

Small Talk/Routinegespräch _____

Direktives Gespräch _____

Streitgespräch _____

Manipulieren _____

Suchgespräch _____

Offenes Gespräch _____

Jetzt stellen Sie sich eine ähnliche Situation in Zukunft vor mit der gleichen Person. Überlegen Sie, wie Sie die Kommunikations-Stile angemessen anwenden können. (Testen Sie gedanklich einige Schlüsselwörter, Verhalten oder Skills)

Zukünftige Situation (oder Thema)

Kontakt-Stil _____

Kontroll-Stil _____

Such-Stil _____

Aufrichtiger Stil _____

Einzelübung 145

Wertschätzung und Dank aussprechen im Aufrichtigen Stil

Anleitung: Denken Sie an etwas, wofür Sie sich bei Ihrem Partner bedanken möchten. Verwenden Sie das Bewußtheitsrad, um Ihren Dank im Aufrichtigen Stil vorzubereiten.

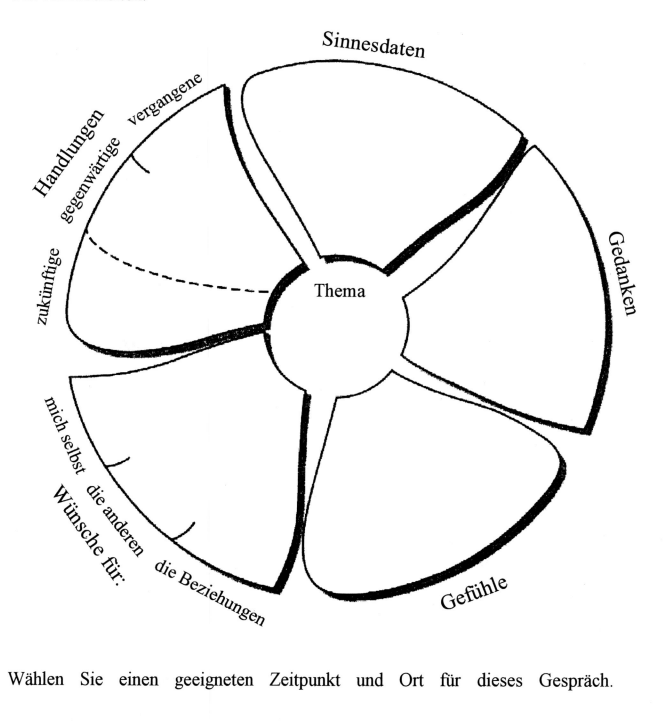

Wählen Sie einen geeigneten Zeitpunkt und Ort für dieses Gespräch.

Copyright © 1998 by ICP, Inc., Denver, Colorado, USA und inkom M. u. G. Drescher, Schweinfurt, Deutschland

Fragebogen nach dem Training

Datum: _____

Die folgenden Fragen beziehen sich auf die Strategien und Fertigkeiten, die in dem Paar-Kommunikationsprogramm vermittelt wurden.

Anleitung: Bevor Sie überprüfen, wie Sie den Fragebogen vor dem Training beantwortet haben, führen Sie die folgenden drei Schritte durch, um Ihr derzeitiges Kommunikationsverhalten festzustellen.

1. Schritt: Bearbeiten Sie jede Frage zweimal: Markieren Sie zunächst mit einem „X" aktuelle Gewohnheiten und mit einem „O" angestrebtes Verhalten.

Wenn Sie mit Ihrem Partner/Ihrer Partnerin zusammen sind, wie häufig...

		selten				oft		Differenz
1.	...sprechen Sie für Ihren Partner, legen ihm Worte in den Mund?	1	2	3	4	5	6	_____
2.	...machen Sie sich Ihre Probleme vollständig bewußt, wenn Sie sie bearbeiten?	1	2	3	4	5	6	_____
3.	...sprechen Sie über Ihre Gefühle?	1	2	3	4	5	6	_____
4.	...teilen Sie Ihrem Partner Ihre Wünsche mit?	1	2	3	4	5	6	_____
5.	....hören Sie nur kurz zu, bevor Sie dann selbst das Gespräch übernehmen?	1	2	3	4	5	6	_____
6.	...reflektieren Sie die Gefühlsäußerungen Ihres Partners?	1	2	3	4	5	6	_____
7.	...reflektieren Sie die Wünsche Ihres Partners?	1	2	3	4	5	6	_____
8.	...ermutigen Sie Ihren Partner, Ihnen mehr Informationen zu geben?	1	2	3	4	5	6	_____
9.	...fragen Sie nach, was Ihr Partner denkt, fühlt oder wünscht?	1	2	3	4	5	6	_____
10.	...fassen Sie das Gesagte zusammen, um sicherzustellen, daß Sie alles richtig verstanden haben?	1	2	3	4	5	6	_____
11.	...vermeiden Sie bestimmte Themen?	1	2	3	4	5	6	_____

Copyright © 1998 by ICP, Inc., Denver, Colorado, USA und inkom M. u. G. Drescher, Schweinfurt, Deutschland

12.	...schlagen Sie einen geeigneten Zeitpunkt und Ort vor, um ein wichtiges Thema zu besprechen?	1 2 3 4 5 6 _____
13.	...zwingen Sie Ihrem Partner Entscheidungen auf?	1 2 3 4 5 6 _____
14.	...geben Sie den Entscheidungen Ihres Partners nach?	1 2 3 4 5 6 _____
15.	...sprechen Sie über Probleme, kommen jedoch zu keinem Ergebnis?	1 2 3 4 5 6 _____
16.	...lösen Sie Probleme durch einen Kompromiß - durch ein gegenseitiges Entgegenkommen?	1 2 3 4 5 6 _____
17.	...lösen Sie Probleme durch eine gemeinsam erarbeitete Lösung - einen Konsens?	1 2 3 4 5 6 _____
18.	...haben Sie angenehme, anregende Unterhaltungen mit Spaß?	1 2 3 4 5 6 _____
19.	...bevormunden oder belehren Sie Ihren Partner?	1 2 3 4 5 6 _____
20.	...streiten oder zanken Sie?	1 2 3 4 5 6 _____
21.	...klagen Sie oder greifen Sie Ihren Partner direkt an?	1 2 3 4 5 6 _____
22.	...machen Sie abfällige, lästernde Bemerkungen?	1 2 3 4 5 6 _____
23.	...suchen Sie nach möglichen Ursachen für ein Problem?	1 2 3 4 5 6 _____
24.	...entwickeln Sie viele Ideen zur Lösung eines Problems?	1 2 3 4 5 6 _____
25.	...senden Sie klare, vollständige und direkte Botschaften?	1 2 3 4 5 6 _____

Gesamtdifferenz _____

2. Schritt: Sobald Sie alle Fragen beantwortet haben, zählen Sie die Gesamtdifferenz zwischen aktuellem und angestrebtem Verhalten zusammen. Falls „X" und „O" auf derselben Zahl sind, beträgt die Differenz = 0. Falls „X" z.B. auf der Zahl 5 und „O" auf der Zahl 2 liegt, beträgt die Differenz = 3. Es spielt keine Rolle, ob die Differenz positiv oder negativ ist, nur der absolute Wert zählt.

3. Schritt: Bilden Sie die Summe der Differenzen (Auf der nächsten Seite finden Sie eine Anleitung für die Überprüfung Ihres Lernerfolgs).

Überprüfung Ihres Lernerfolgs

Wenn Sie nun die Fragen auf den vorherigen Seiten beantwortet haben, dann schlagen Sie den Fragebogen auf, den Sie vor dem Training bearbeitet haben (Seite 10 - 12). Denken Sie über folgendes nach:

1. Stellen Sie fest, wie gut Sie Ihre Lernziele, die Sie sich selbst gesetzt haben, erreicht haben.

2. Vergleichen Sie, wie sich die Gesamtdifferenz der Punktzahl verändert hat.

    Ein niedrigerer Punktwert zeigt an, daß Sie sich Ihrem Wunschverhalten genähert haben.

    Ein höherer Punktwert zeigt an, daß Sie sich von Ihrem Wunschverhalten weiter entfernt haben. *)

3. Besprechen Sie Ihre Lernfortschritte mit Ihrem Partner. **)

*) Es gibt zwei mögliche Erklärungen für einen höheren Punktwert:
  1. Möglicherweise nutzen Sie jetzt schon mehr Fertigkeiten und merken aber gleichzeitig, daß Sie die Fertigkeiten noch effektiver einsetzen könnten.
  2. Sie haben tatsächlich noch nicht den Lernfortschritt erreicht, den Sie sich wünschen. Falls das so ist, haben Sie vielleicht den Wunsch, über Ihre Ergebnisse ein persönlichen Beratungsgespräch mit Ihrem Trainer zu führen.

**) Zu Ihrer Information: In den Fragebögen beziehen sich jeweils die Fragen 1-4 auf das Kapitel 1 (Bewußtheitsrad und Gesprächsfertigkeiten), die Fragen 5-10 auf Kapitel 2 (Zuhörfertigkeiten), die Fragen 11-17 auf das Kapitel 3 (Strategie zur Lösung von Problemen und Konflikten) und die Fragen 18-25 auf das Kapitel 4 (Kommunikations-Stile).

Die Autoren:

Sherod Miller, Ph.D., ist Chairman of the Board des Instituts und Verlages Interpersonal Communication Programs, Inc.. Als Trainer und Berater für Unternehmen und öffentliche Verwaltungen hat er sich auf Kommunikation und Familiendynamik spezialisiert.

Phyllis A. Miller, Ph.D., ist Präsidentin des Instituts und Verlages Interpersonal Communication Programs, Inc in Denver, Colorado, USA. Sie ist Trainerin und Beraterin für Unternehmen, öffentlichen Verwaltungen und für Paar-Kommunikation.

Elam W. Nunnally, Ph.D., ist Assistent (Associate Professor) für Sozialwesen an der Universität von Wisconsin-Milwaukee. Er ist Ehe- und Familientherapeut und hat sich spezialisiert auf Probleme der Familienkommunikation.

Daniel B. Wackman, Ph.D., ist Professor und Direktor der Forschungsabteilung für Journalismus und Kommunikation an der Universität von Minnesota.. Er ist spezialisiert im Bereich der Familienkommunikation und berät Unternehmen, öffentliche Verwaltungen und gemeinnützige Organisationen.

Die Übersetzer und Herausgeber:

Martin Drescher, Dipl.-Pädagoge, war acht Jahre Leiter einer sozialtherapeutischen Einrichtung. Seit 1986 ist er Managementtrainer in einem Großunternehmen. Er ist Inhaber des Instituts MATS Management Training Service und des Verlages inkom Interpersonelle Kommunikationsprogramme.

Georgia Drescher, Dipl.-Psychologin, ist Lehrbeauftragte an mehreren Fachhochschulen. Sie ist freiberufliche Managementtrainerin für Unternehmen und öffentliche Verwaltungen und hat sich auf die Themen Führung und Zusammenarbeit spezialisiert.

Von Drs. Sherod und Phyllis Miller ist ebenfalls bei inkom erschienen:

T.E.A.M. Skills
Ein Programm zur Verbesserung der Zusammenarbeit in Teams
ISBN 3-9805917-0-0

Weitere Anwendungsfelder sind:

- Führung und Zusammenarbeit
- Konfliktbewältigung
- Teamentwicklung
- Train the Trainer

Folgende Trainer sind für den deutschsprachigen Raum als Ausbildungstrainer von Dr. Sherod Miller und Dr. Phyllis Miller autorisiert:

- Dipl.-Volkswirt Michael Paula, Hamburg
- Dipl.-Psychologin Georgia Drescher, Schweinfurt
- Dipl.-Pädagoge Martin Drescher, Schweinfurt

Bitte richten Sie alle Anfragen an:

Interpersonelle Kommunikationsprogramme
...das Konzept mit dem Bewußtheitsrad

Sperlingstr. 60   97422 Schweinfurt   Telefon 09721/44182   Fax 09721/42707

Copyright © 1998 by ICP, Inc., Denver, Colorado, USA und inkom M. u. G. Drescher, Schweinfurt, Deutschland